高等职业教育“十二五”规划教材

财务会计习题集

主　编｜夏迎峰
副主编｜李玉凤　邱社军　夏　挺
参　编｜杨　俊

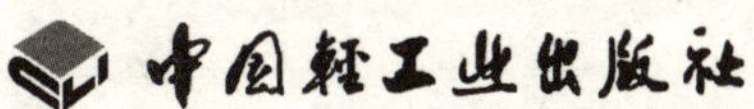

图书在版编目（CIP）数据

财务会计习题集/夏迎峰主编．—北京：中国轻工业出版社，2016.1

高等职业教育“十二五”规划教材

ISBN 978－7－5019－9513－4

Ⅰ．①财…　Ⅱ．①夏…　Ⅲ．①财务会计—高等职业教育—习题集　Ⅳ．①F234.4－44

中国版本图书馆 CIP 数据核字（2013）第 309282 号

责任编辑：张文佳　　责任终审：劳国强　　封面设计：锋尚设计
版式设计：王超男　　责任校对：燕　杰　　责任监印：胡　兵

出版发行：中国轻工业出版社（北京东长安街 6 号，邮编：100740）
印　　刷：北京君升印刷有限公司
经　　销：各地新华书店
版　　次：2016 年 1 月第 1 版第 2 次印刷
开　　本：720×1000　1/16　印张：9.5
字　　数：230 千字
书　　号：ISBN 978－7－5019－9513－4　定价：25.00 元
邮购电话：010－65241695　传真：65128352
发行电话：010－85119835　85119793　传真：85113293
网　　址：http：//www.chlip.com.cn
Email：club@chlip.com.cn

160028J2C102ZBW

前　　言

PREFACE

为配合高职高专财经管理专业课程教学的需要，我们根据《财务会计》教材的内容，编写了《财务会计习题集》。

本书按教材章节编写，每一章习题内容包括单项选择题、多项选择题、判断题和业务题。通过对单项选择题、多项选择题、判断题的练习，使学生全面掌握本章的基本概念、基本理论和基本知识；业务题的练习，使学生掌握会计业务的处理，旨在增强学生动手的能力、提高学生基本技能和综合运用知识的能力。每部分习题都经过精心选择、科学安排，具有很强的针对性和技能性。为了方便学生自学的需要，我们提供了参考答案。

本书由武汉职业技术学院夏迎峰担任主编，陕西省商业学校邱社军、武汉职业技术学院夏挺、黄河水利职业技术学院李玉凤担任副主编，中国地质大学江城学院杨俊参编。具体分工如下：夏迎峰编写第一、二、三、六、七、八章；杨俊编写第九、十、十二章；李玉凤编写第四、五章；邱社军编写第十四、十五章；夏挺编写第十一、十三章。最后由夏迎峰总纂定稿。

在本书编写过程中，得到了武汉职业技术学院商学院领导的大力支持，在此我们深表感谢。为了出版本书，我们做了一年多的准备工作，但由于作者水平有限，书中不足之处，请专家和学者指正。

编者

2013 年 11 月

目　录

CONTENTS

第一部分　习　　题

第二部分 参考答案

第一部分 习 题

第一章 总 论

一、单项选择题

1. 下列项目中，符合资产定义的是(　　)。

A. 购入的某项专利权　　B. 经营租入的设备

C. 待处理财产损失　　D. 计划购买的某项设备

2. 下列项目中，能同时影响资产和负债发生变化的是(　　)。

A. 接受投资者投入设备　　B. 支付现金股利

C. 收回应收账款　　D. 支付股票股利

3. 资产和负债按照在公平交易中，熟悉情况的交易双方自愿进行资产交换或者债务清偿的金额计算。采用的会计计量属性是(　　)。

A. 现值　　B. 重置成本　　C. 可变现净值　　D. 公允价值

4. (　　)要求企业应当以实际发生的交易或者事项为依据进行确认、计量和报告，如实反映符合确认和计量要求的各项会计要素及其他相关信息，保证会计信息真实可靠、内容完整。

A. 可靠性　　B. 相关性　　C. 可理解性　　D. 可比性

5. (　　)要求企业应当按照交易或事项的经济实质进行会计确认、计量和报告，而不应仅仅以交易或事项的法律形式为依据。

A. 及时性　　B. 重要性　　C. 实质重于形式　　D. 谨慎性

6. 下列属于资本性支出的有(　　)。

A. 职工工资　　B. 当月水电费　　C. 本季度房租　　D. 固定资产买价

7. 企业按应收账款余额的一定比例提取坏账准备，这是遵循(　　)。

A. 真实性原则　B. 谨慎性原则　C. 配比性原则　D. 一致性原则

8. 财务报告使用者不包括(　　)。

A. 投资者　　B. 债权人　　C. 债务人　　D. 税务部门

9. 下列各项，不符合资产定义的是(　　)。

A. 委托加工物资　　B. 委托代销商品

C. 原材料　　D. 代处理财产损益

10. 下列各项，不属于企业流动资产的是(　　)。

A. 存货　　B. 交易性金融资产

C. 持有至到期投资　　D. 应收票据

11. 对各项资产应按经济业务的实际交易价格计量，而不考虑随后市场价格变动的影响，其所采用的是(　　)。

A. 客观性原则　B. 相关性原则　C. 历史成本原则　D. 可比性原则

12. 对期末存货采用成本与可变现净值孰低计价，其所体现的会计核算的一般原则是(　　)。

A. 及时性原则　B. 历史成本原则　C. 谨慎性原则　D. 可比性原则

13. 下列各项中，能引起负债和所有者权益同时发生变动的是(　　)。

A. 支付广告费　　B. 股东会批准现金股利分配方案

C. 计提长期债券投资利息　　D. 盈余公积弥补亏损

14. 企业将融资租入固定资产视为自有资产核算，所体现的会计核算的一般原则是(　　)。

A. 可靠性原则　　B. 可理解性原则

C. 重要性原则　　D. 实质重于形式原则

15. 企业所使用的会计处理程序和方法，前后各期应当一致，不得随意变更，这体现了(　　)。

A. 相关性原则　　B. 可比性原则

C. 可靠性原则　　D. 可理解性原则

16. 下列有关会计主体的表述不正确的是(　　)。

A. 企业的经济活动应与投资者的经济活动相区分

B. 会计主体可以是独立的法人，也可以是非法人

C. 会计主体可以是营利组织，也可以是非营利组织

D. 会计主体必须要有独立的资金，并独立编制财务报告对外报送

17. 当期与以前期间、以后期间的差别，权责发生制和收付实现制的区别的出现，都是基于(　　)的基本假设。

A. 会计主体　B. 持续经营　C. 会计分期　D. 货币计量

18. 企业提供的会计信息应有助于财务会计报告使用者对企业过去、现在或者未来的情况做出评价或者预测，这体现了会计信息质量要求中的(　　)要求。

A. 相关性　　B. 可靠性　　C. 可理解性　　D. 可比性

19. 企业将融资租入固定资产按自有固定资产的折旧方法计提折旧，遵循的是(　　)要求。

A. 谨慎性　　B. 实质重于形式　　C. 可比性　　D. 重要性

20. 下列各事项中，使负债增加的是（　　）。

A. 分期付款方式购入固定资产　　B. 用银行存款购买公司债券

C. 发行股票　　D. 支付现金股利

21. 下列各项中，不属于企业收入要素范围的是(　　)。

A. 销售商品收入　　B. 出租无形资产收入

C. 债券投资取得的利息收入　　D. 接受现金捐赠收入

22. 依据企业会计准则的规定，下列有关收入和利得的表述中，正确的是（　　）。

A. 收入源于日常活动，利得也可能源于日常活动

B. 收入会影响利润，利得也一定会影响利润

C. 收入源于日常活动，利得源于非日常活动

D. 收入会导致所有者权益的增加，利得不一定会导致所有者权益的增加

23. 关于损失，下列说法中正确的是（　　）。

A. 损失是指由企业日常活动所发生的，会导致所有者权益减少的经济利益的流出

B. 损失只能计入所有者权益项目，不能计入当期损益

C. 损失是指由企业非日常活动所发生的、会导致所有者权益减少的、与向所有者分配利润无关的经济利益的流出

D. 损失只能计入当期损益，不能计入所有者权益项目

24. 资产按照预计从其持续使用和最终处置中所产生的未来净现金流入量的折现金额计量，其会计计量属性是（　　）。

A. 历史成本　　B. 可变现净值　　C. 现值　　D. 公允价值

25. 下列计价方法中，不符合历史成本计量基础的是（　　）。

A. 发出存货计价所使用的先进先出法

B. 可供出售金融资产期末采用公允价值计价

C. 固定资产计提折旧

D. 发出存货计价所使用的移动平均法

二、多项选择题

1. 下列各项中，属于企业资产范围的有(　　)。

A. 融资租入设备　　B. 经营方式租出设备

C. 委托加工物资　　D. 经营方式租入设备

2. 会计主体前提条件解决并确定了(　　)。

A. 会计核算的空间范围　　B. 会计核算的时间范围

C. 会计核算的计量问题　　D. 会计为谁记账

E. 会计核算的标准质量

3. 下列支出属于收益性支出的有(　　)。

A. 支付当月办公费　　B. 当月银行借款利息支出

C. 购置设备支出　　D. 工资支出

4. 下列属于资本性支出的有(　　)。

A. 固定资产日常修理费　　B. 购置无形资产支出

C. 固定资产交付使用前的利息支出　D. 水电费支出

5. 下列计量基础中属于会计实务中使用的计量基础有(　　)。

A. 历史成本　B. 可变现净值　C. 现值　D. 千克

6. 管理会计和财务会计的主要区别有(　　)。

A. 服务对象不同　　B. 会计核算对象不同

C. 提供信息规范不同　　D. 使用的资料不同

E. 会计报告格式不同

7. 下列各项会计处理方法中，体现谨慎性原则的是(　　)。

A. 固定资产采用双倍余额递减法计提折旧

B. 到期不能收回的应收票据转入应收账款

C. 存货期末采用成本与可变现净值孰低计价

D. 长期债权投资期末采用成本法计价

E. 原材料采用计划成本计价

8. 下列项目中，符合负债定义的是(　　)。

A. 委托加工物资　B. 投资性房地产　C. 原材料　D. 应付债券

E. 预收账款

9. 所有者权益与负债的区别主要表现在(　　)。

A. 性质上　B. 权力上　C. 会计科目上　D. 核算上

E. 偿债责任上

10. 财务会计核算规范主要包括(　　)。

A. 会计法　B. 会计准则　C. 车间规定　D. 会计制度

E. 厂长签发的厂规

11. 下列各项中属于我国财务报告目标的有(　　)。

A. 向财务报告使用者提供决策有用的信息

B. 反映企业管理层受托责任的履行情况

C. 与同行业信息作比较

D. 客观地反映企业的财务和经营状况

12. 下列组织可以作为一个会计主体进行核算的有(　　)。

A. 合伙企业　　B. 分公司

C. 股份有限公司　　D. 母公司及其子公司组成的企业集团

13. 根据“可靠性”要求，企业会计核算应当做到(　　)。

A. 满足会计信息使用者决策的需要　B. 以实际发生的交易事项为依据

C. 如实反映交易事项的真实情况　　D. 保证企业会计信息的完整

14. 下列对可比性要求说法正确的有(　　)。

A. 企业对于已经发生的交易或者事项，应当及时进行会计确认、计量和报告，不得提前或者延后

B. 同一企业不同时期发生的相同或者相似的交易或者事项，应当采用一致的会计政策，不得随意变更

C. 不同企业发生的相同或者相似的交易或者事项，应当采用规定的会计政策，确保会计信息口径一致、相互可比

D. 企业提供的会计信息应当清晰明了，便于财务报告使用者理解和使用

15. 某工业企业的下列做法中，不违背会计核算可比性要求的有(　　)。

A. 鉴于某项固定资产已经改扩建，决定重新确定其折旧年限

B. 因预计发生年度亏损，将以前年度计提的存货跌价准备全部予以转回

C. 因客户的财务状况好转，将坏账准备的计提比例由应收账款余额的30%降为15%

D. 鉴于本期经营亏损，将已达到预定可使用状态的工程借款的利息支出予以资本化

16. 下列资产中，属于本企业资产范围的有(　　)。

A. 经营租赁方式租入设备　　B. 经营租赁方式租出设备

C. 融资租入设备　　D. 盘亏的存货

17. 在企业会计实务中，下列事项中能够引起资产总额增加的有(　　)。

A. 分配生产工人职工薪酬

B. 转让交易性金融资产确认的净收益

C. 计提未到期持有至到期债券投资的利息

D. 长期股权投资权益法下实际收到的现金股利

18. 下列项目中，属于所有者权益来源的有(　　)。

A. 所有者投入的资本　　　　　　B. 直接计入所有者权益的利得和损失
C. 留存收益　　　　　　　　　　D. 发行债券筹集的资金

19. 关于所有者权益，下列说法正确的有(　　)。

A. 所有者权益是指企业资产扣除负债后由所有者享有的剩余权益

B. 企业的利得和损失可能引起所有者权益增减变动

C. 所有者权益金额应单独计量，不取决于资产和负债的计量

D. 所有者权益项目应当列入利润表

20. 关于利润，下列说法中正确的有(　　)。

A. 利润是指企业在一定会计期间的经营成果

B. 直接计入当期利润的利得和损失，是指应当计入当期损益、会导致所有者权益发生增减变动的、与所有者投入资本或者向所有者分配利润无关的利得或者损失

C. 利润反映企业某一时点的财务状况

D. 利润金额的确定主要取决于收入和费用的计量，不考虑利得和损失金额的影响

三、判断题

1. 如果某项资产不能再为企业带来经济利益，即使是由企业拥有或者控制的，也不能作为企业的资产在资产负债表中列示。(　　)

2. 企业出售无形资产取得的收入应在“其他业务收入”账户核算。(　　)

3. 会计主体是指企业法人。(　　)

4. 企业选择不导致虚增资产、多计利润的做法，所遵循的是会计的真实性原则。(　　)

5. 凡是不能给企业带来未来经济利益的资源，均不能在资产负债表中反映。(　　)

第二章 货币资金

一、单项选择题

1. 对于无法查明原因的现金短缺，经批准后应计入(　　)。

A. 管理费用　B. 财务费用　C. 营业外支出　D. 其他应收款

2. 商业汇票按(　　)不同，分为商业承兑汇票和银行承兑汇票。

A. 收款人　B. 付款人　C. 承兑人　D. 被背书人

3. 在下列项目中，不属于其他货币资金的是(　　)。

A. 向银行申请的银行承兑汇票

B. 委托银行开出的银行汇票

C. 存入证券公司准备购买股票的款项

D. 汇到外地并开立采购专户的款项

4. 对于银行已入账而企业尚未入账的未达账款，企业应当(　　)。

A. 根据“银行对账单”入账

B. 根据“银行存款余额调节表”入账

C. 根据对账单和调节表自制凭证入账

D. 待有关结算凭证到达后入账

5. 企业在年末计提坏账准备以后，“坏账准备”科目的余额(　　)。

A. 可能在借方　B. 一定在借方

C. 一定在贷方　D. 可能在借方或贷方

6. 企业应按期计提坏账准备，对于已确认的坏账损失，应借记(　　)。

A. “管理费用”科目　B. “财务费用”科目

C. “坏账准备”科目　D. “资产减值损失”科目

7. 企业的应收票据在到期时，承兑人无力偿还票款的，应将其转入(　　)科目。

A. 应收账款　B. 应付账款　C. 其他应收款　D. 预收账款

8. 出纳员提取现金需编制(　　)。

A. 银行存款收款凭证　　B. 银行存款付款凭证

C. 现金收款凭证　　D. 现金付款凭证

9. 预付账款不多的企业，可以不设“预付账款”科目，而将预付账款计入(　　)。

A. “应收账款”科目的借方　　B. “应收账款”科目的贷方

C. “应付账款”科目的借方　　D. “应付账款”科目的贷方

10. 下列支付方式中，通过“其他货币资金”账户核算的有(　　)。

A. 银行本票　　B. 支票

C. 商业承兑汇票　　D. 银行承兑汇票

二、多项选择题

1. 在企业发生的下列支出中，按规定可以用现金支付的有(　　)。

A. 支付的职工差旅费　　B. 支付银行承兑手续费

C. 职工报销医药费　　D. 支付的购置设备价款

E. 收购农产品支付的价款

2. 下列各项，构成应收账款入账价值的有(　　)。

A. 增值税销项税额　　B. 商业折扣

C. 代购货方垫付的保险费　　D. 销售货款

E. 代购货方垫付的运杂费

3. 下列各项中，应计入“坏账准备”科目贷方的有(　　)。

A. 按规定提取的坏账准备　　B. 当期发生的坏账损失

C. 收回已确认为坏账并转销的应收账款　D. 冲回多提的坏账准备

E. 补提的坏账准备

4. 现金溢缺涉及的会计科目有(　　)。

A. 其他应收款　B. 财务费用　C. 营业外收入　D. 营业外支出

E. 待处理财产损益

5. 下列关于现金折扣与商业折扣的说法，正确的是(　　)。

A. 商业折扣是指在商品标价上给予的扣除

B. 现金折扣是指债权人为鼓励债务人早日付款，而向债务人提供的债务扣除

C. 存在商业折扣的情况下，企业应收账款入账金额应按扣除商业折扣后的实际售价确认

D. 我国会计实务中采用总价法核算存在现金折扣的交易

E. 总价法是将未减去现金折扣前的金额作为实际售价，记作应收账款的入

账价值

6. 企业银行存款日记账与银行对账单不符的主要原因有（　　）。

A. 存在企业已付银行未付的账项　B. 存在企业已收银行未收的账项

C. 存在银行已付企业未付的账项　D. 存在银行已收企业未收的账项

E. 企业或银行记账错误

三、判断题

1. 出纳员可以同时兼任会计稽核工作。（　　）

2. 现金支票只能提取现金，转账支票只能办理转账。（　　）

3. 企业的库存现金限额只能按照3—5天的日常开支额核定。（　　）

4. 在存在现金折扣的情况下，企业应收账款入账金额应按没有扣除现金折扣的实际售价确定。（　　）

5. 公司收到一张8月5日签发的20 000元、期限为90天的票据，到期日为11月5日。（　　）

四、业务题

1. 甲企业2013年8月发生下列业务：

（1）购入办公用品320元，以库存现金支付。

（2）从银行提取现金5 000元以备零星开支。

（3）以库存现金2 000元预借职工李立差旅费。

（4）以银行存款60 000元归还银行长期借款。

（5）收回购货方前欠货款80 000元存入银行。

（6）以银行存款支付业务招待费2 000元。

（7）将现金10 000元存入银行。

要求：根据上述资料编制会计分录。

2. 甲企业为增值税一般纳税人，适用的增值税税率为17%。2013年发生的有关经济业务如下：

（1）3月5日，向乙公司赊销商品一批，货款200 000元，增值税销项税额34 000元，销售成本220 000元，付款条件为："2/10，*n*/30"。

（2）3月20日，收到乙公司开出的偿付货税款的商业汇票一张，商业汇票面值为234 000元、票面利率5%、期限4个月。

（3）5月20日，将乙公司的商业汇票送至银行申请贴现，贴现率为6%。

要求：根据上述业务编制会计分录。

3. 甲企业2013年8月31日的银行存款账户余额为108 230元，银行对账单显示银行存款余额为108 030元。通过对银行对账单、企业的银行存款日记账进行分析核对，发现下列内容：

（1）公司签发支票购买办公用品12 500元，银行未记账；

（2）公司存入银行的款项15 000元，银行未记账；

（3）银行代公司收回票据款12 800元，尚未通知公司；

（4）银行收取服务费10 500元，未通知公司。

要求：编制该公司8月31日的银行存款余额调节表。

4. 甲企业采用应收账款余额百分比法核算坏账损失，坏账准备的提取比例为5%。有关资料如下：

（1）公司从2010年开始计提坏账准备，该年年末应收账款余额为1 000 000元；

（2）2011年，经有关部门批准，确认一笔无法收回的应收账款，金额为6 000元。2011年年末应收账款余额为1 200 000元；

（3）2012年9月，收回已核销的应收账款6 000元，该年年末应收账款余额为1 400 000元。

要求：根据上述资料，编制有关会计分录。

第三章 存 货

一、单项选择题

1. 某企业为增值税一般纳税人，购入材料一批，增值税专用发票上标明的价款为25万元，增值税为4.25万元，另支付材料保险费为2万元、包装物押金为2万元。该批材料的采购成本为(　　)万元。

A. 27　　B. 29　　C. 29.25　　D. 31.25

2. 乙工业企业为增值税一般纳税企业。本月购进原材料200千克，货款为6 000元，增值税为1 020元；发生的保险费为350元，入库前的挑选整理费用为130元；验收入库时发现数量短缺10%，经查属于运输途中合理损耗。乙工业企业该批原材料实际单位成本为每千克(　　)元。

A. 32.4　　B. 33.33　　C. 35.28　　D. 36

3. 某企业采用月末一次加权平均计算发出原材料的成本。2013年2月1日，甲材料结存200千克，每千克实际成本为100元；2月10日购入甲材料300千克，每千克实际成本为110元；2月25日发出甲材料400千克。2月末，甲材料的库存余额为（　　）元。

A. 10 000　　B. 10 500　　C. 10 600　　D. 11 000

4. 某企业采用先进先出法计算发出材料的成本。2012年3月1日结存A材料200吨，每吨实际成本为200元；3月4日和3月17日分别购进A材料300吨和400吨，每吨实际成本分别为180元和220元；3月10日和3月27分别发出A材料400吨和350吨。A材料月末账面余额为（　　）元。

A. 30 000　　B. 30 333　　C. 32 040　　D. 33 000

5. 企业在记录原材料、产成品等存货时，采用的明细账格式一般是(　　)。

A. 三栏式明细账　　B. 多栏式明细账

C. 横线登记式明细账　　D. 数量金额式明细账

6. 某企业月初结存材料的计划成本为250万元，材料成本差异为超支45万元；当月入库材料的计划成本为550万元，材料成本差异为节约85万元；当月生产车间领用材料的计划成本为600万元。当月生产车间领用材料的实际成本为(　　)万元。

A. 502.5　　B. 570　　C. 630　　D. 697.5

7. 某企业月初结存材料的计划成本为100 000元，成本差异为节约1 000元；本月入库材料的计划成本为100 000元，成本差异为超支400元。当月生产车间领用材料的计划成本为150 000元。假定该企业按月末计算的材料成本差异率分配的结转材料成本差异，则当月生产车间领用材料应负担的材料成本差异为（　　)元。

A. 450　　B. -450　　C. 1 050　　D. -1 050

8. 企业对随同商品出售而不单独计价的包装物进行会计处理时，该包装物的实际成本应结转到(　　)。

A. “制造费用”科目　　B. “销售费用”科目

C. “管理费用”科目　　D. “其他业务支出”科目

9、企业对于已计入“待处理财产损益”科目的存货盘亏及毁损事项进行会计处理时，应计入管理费用的是(　　)。

A. 管理不善造成的存货净损失　　B. 自然灾害造成的存货净损失

C. 应由保险公司赔偿的存货损失　　D. 应由过失人赔偿的存货损失

10. 某企业为增值税小规模纳税企业。该企业购入甲材料600千克，每千克含税单价为50元，发生运杂费2 000元，运输途中发生合理损耗10千克，入库前发生挑选整理费用200元。该批甲材料的入账价值为（　　）元。

A. 30 000　　B. 32 000　　C. 32 200　　D. 32 700

11. 甲工业企业为增值税小规模纳税人。本期外购原材料一批，购买价格为10 000元，增值税税额为1 700元，入库前发生的挑选整理费用为500元。该批原材料的入账价值为（　　）元。

A. 10 000　　B. 11 700　　C. 10 500　　D. 12 200

12. 下列各种存货发出的计价方法中，不利于存货成本日常管理与控制的方法是(　　)。

A. 先进先出法　　B. 后进先出法

C. 月末一次加权平均法　　D. 个别计价法

13. 某工业企业为增值税一般纳税企业，2013年4月购入A材料1 000千克，增值税专用发票上注明的买价为30 000元，增值税税额为5 100元，该批A材料在运输途中发生1%的合理损耗，实际验收入库990千克，在入库前发生挑选整理费用300元。该批入库A材料的实际总成本为(　　)元。

A. 29 700　　B. 29 997　　C. 30 300　　D. 35 400

14. 甲公司采用计划成本对材料进行日常核算。2013 年 12 月，月初结存材料的计划成本为 200 万元，成本差异贷方余额为 3 万元；本月入库材料的计划成本为 1 000 万元，成本差异借方发生额为 6 万元；本月发出材料的计划成本为 800 万元。甲公司按本月材料成本差异率分配本月发出材料应负担的材料成本差异。甲公司 2013 年 12 月 31 日结存材料的实际成本为(　　) 万元。

A. 399　　B. 400　　C. 401　　D. 402

15. 甲公司为增值税一般纳税人，适用的增值税税率为 17%。甲公司委托乙公司（增值税一般纳税人）代为加工一批属于应税消费品的原材料（非金银首饰），该批委托加工原材料收回后用于继续加工应税消费品。发出原材料实际成本为 620 万元，支付的不含增值税的加工费为 100 万元，增值税税额为 17 万元，代收代交的消费税税额为 80 万元。该批委托加工原材料已验收入库，其实际成本为(　　) 万元。

A. 720　　B. 737　　C. 800　　D. 817

二、多项选择题

1. 企业存货应当定期清查，每年至少清查一次。清查存货采用的方法通常有（　　）。

A. 实地盘点法　　B. 发函询证法

C. 技术推算法　　D. 对账单核对法

2. 下列各项，构成工业企业外购存货入账价值的有(　　)。

A. 买价　　B. 运杂费

C. 运输途中的合理损耗　　D. 入库前的挑选整理费用

3. 下列明细账，可采用数量金额式账簿的有(　　)。

A. 原材料明细账　　B. 库存商品明细账

C. 制造费用明细账　　D. 应收账款明细账

4. 甲企业为增值税一般纳税人，委托外单位加工一批材料（属于应税消费品，且为非金银首饰），该批原材料加工收回后用于连续生产应税消费品。甲企业发生的下列各项支出中，会增加收回委托加工材料实际成本的有(　　)。

A. 支付的加工费　　B. 支付的增值税

C. 负担的运杂费　　D. 支付的消费税

5. 下列各项与存货相关的费用中，应计入存货成本的有（　　）。

A. 材料采购过程中发生的保险费　B. 材料入库前发生的挑选整理费

C. 材料入库后发生的储存费用　　D. 材料采购过程中发生的装卸费用

E. 材料采购过程中发生的运输费用

6. 下列项目中，应计入工业企业存货成本的有(　　)。

A. 进口原材料支付的关税　　B. 生产过程中发生的制造费用

C. 原材料入库前的挑选整理费用　　D. 自然灾害造成的原材料净损失

7. 下列项目中，应计入材料采购成本的有(　　)。

A. 制造费用

B. 进口关税

C. 运输途中的合理损耗

D. 一般纳税人购入材料支付的可以抵扣的增值税

8. 企业对发出存货的实际成本进行计价的方法有(　　)。

A. 个别计价法　B. 加权平均法　C. 先进先出法　D. 后进先出法

9. 下列关于存货会计处理的表述中，正确的有（　　）。

A. 存货采购过程中发生的合理损耗计入存货采购成本

B. 存货跌价准备通常应当按照单个存货项目计提，也可分类计提

C. 债务人因债务重组转出存货时不结转已计提的相关存货跌价准备

D. 发出原材料采用计划成本核算的应于资产负债表日调整为实际成本

10. 下列项目中，应确认为购货企业存货的有(　　)。

A. 销售方已确认销售，但尚未发运给购货方的商品

B. 购销双方已签协议约定，但尚未办理商品购买手续

C. 未收到销售方结算发票，但已运抵购货方验收入库的商品

D. 购货方已付款购进，但尚在运输途中的商品

三、判断题

1. 企业采用计划成本核算原材料，平时收到原材料时应按实际成本借记“原材料”科目，领用或发出原材料时应按计划成本贷记“原材料”科目，期末再将发出材料和期末材料调整为实际成本。(　　)

2. 股份有限公司在财产清查时发现的存货盘亏、盘盈，应当于年末结账前处理完毕，如果确实尚未报经批准的，可先保留在“待处理财产损益”科目中，待批准后再处理。(　　)

3. 商品流通企业在采购商品过程中发生的运输费、装卸费、保险费以及其他可归属于存货采购成本的费用等，应当计入存货的采购成本，也可以先进行归集，期末再根据所购商品的存销情况进行分摊。(　　)

4. 企业每期都应当重新确定存货的可变现净值，如果以前减记存货价值的影响因素已经消失，则减记的金额应当予以恢复，并在原已计提的存货跌价准备的金额内转回。(　　)

5. 企业采用先进先出法计量发出存货的成本，如果本期发出存货的数量超过本期第一次购进存货的数量（假定本期期初无库存），超过部分仍应按本期第一次购进存货的单位成本计算出货的成本。（ ）

四、业务题

1. 甲企业为一般纳税人，2013 年 5 月 18 日从乙企业购入原材料一批，取得的增值税专用发票上注明的原材料价款为 200 000 元，增值税税额为 34 000 元。

（1）假定发票等结算凭证已经收到，货款已通过银行转账支付，材料已运到并已验收入库（单料同到）；

（2）假定购入材料的发票等结算凭证已收到，货款已经银行转账支付，但材料尚未运到（单到料未到）；

（3）假定购入的材料已经运到，并已验收入库，但发票等结算凭证尚未收到，货款尚未支付。5 月末，甲企业应按暂估价入账，假定其暂估价为 180 000 元（料到单未到）。

要求：编制相关的账务处理。

2. 甲企业委托乙企业加工材料一批（属于应税消费品）。原材料成本为 20 000 元，支付的加工费为 7 000 元（不含增值税），消费税税率为 10%，材料加工完成并已验收入库，加工费用等已经支付。双方适用的增值税税率为 17%。甲企业按照实际成本核算原材料。

要求：编制相关的账务处理。

3. 某公司月初甲产品结存金额 1 000 元，结存数量 20 件，采用移动加权平均法计价；本月 10 日和 20 日甲产品分别完工入库 400 件和 500 件，单位成本分别为 52 元和 53 元；本月 15 日和 25 日分别销售该产品 380 件和 400 件，求该甲产品月末结存余额。

4. 明都公司按照购货合同约定，向 K 公司预付购买甲材料的货款 20 000 元。收到 K 公司发来甲材料和有关的结算凭证，货款 30 000 元，增值税 5 100 元。明都公司随即补付了相关款项。

要求：编制相关的账务处理。

5. A 公司为一般纳税人，月初“材料成本差异”账户贷方余额为 2 600 元，“原材料”账户借方余额为 26 200 元，6 月份该公司发生的有关原材料收发的业务如下：

（1）6 月 3 日，购入原材料一批，取得的增值税专用发票上注明的原材料价款为 20 000 元，增值税税额为 3 400 元，发票等结算凭证已经收到，货款已通过银行转账支付。材料已验收入库。该批材料的计划成本为 21 000 元。

（2）6 月 6 日，购入原材料一批，发票等结算凭证已到，其中列明价款为 10 000元，增值税税额为 1 700 元，货款已经支付，但到月末材料尚未运到。该批材料的计划成本为 9 000 元。

（3）6 月 10 日，购入原材料一批，材料已经运到，并验收入库，但发票等结算凭证尚未收到，货款尚未支付。该批材料的计划成本为 30 000 元。

（4）6 月 12 日，收到有关结算凭证并支付货款，假设该批材料的实际成本为 35 000 元，支付的增值税税额为 5 950 元。

（5）6 月 15 日，购进原材料一批，取得的增值税专用发票上注明的原材料价款为 3 000 元，增值税税额为 510 元。双方商定采用商业承兑汇票结算方式支付货款，付款期限为三个月。材料已经到达并验收入库。该批材料的计划成本为2 800元。

（6）6 月 30 日，汇总本月已付款或已开出商业承兑汇票的入库原材料计划成本为 53 800 元。

（7）6 月 30 日，结转本月已经付款或已开出商业承兑汇票的入库原材料的材料成本差异，其实际成本为 58 000 元。

（8）6 月 30 日，原材料“发料凭证汇总表”表明，生产车间领用原材料 10 000元，车间管理部门领用原材料 3 000 元，厂部管理部门领用原材料 7 000 元，销售部门领用原材料 1 000 元，售出原材料 4 000 元。

要求：编制相关的账务处理。

6. （1）某企业 2013 年 5 月 31 日 D 材料发生毁损，该材料的账面成本为 3 500元，已计提跌价准备 300 元，尚未进行处理。

（2）若材料处置收入为 3 000 元，现金收讫，没发生其他相关费用。

要求：编制相关的账务处理。

第四章 固定资产

一、单项选择题

1. 下列项目中，不应计入固定资产入账价值的是(　　)。

A. 非生产经营用固定资产安装过程中领用生产用原材料负担的增值税

B. 固定资产达到预定可使用状态前发生的借款利息

C. 固定资产达到预定可使用状态后至竣工决算前发生的借款利息

D. 固定资产改良过程中领用原材料负担的消费税

2. 甲公司某设备的账面原价为100 000元，预计使用年限为5年，预计净残值为5 000元，按双倍余额递减法计提折旧。该设备在第2年应计提的折旧额为（　　)元。

A. 40 000　　B. 24 000　　C. 14 400　　D. 6 000

3. 某公司购入非生产用设备一台，价款30 000元，增值税税率17%，支付运杂费300元，安装费1 500元，预计使用8年，净残值率为3%。如按年数总和法折旧，则该设备第三年的折旧额为（　　）元。

A. 5 965. 5　　B. 5 974. 5　　C. 6 150　　D. 6 000

4. 某大型生产线达到预定可使用状态前进行联合试车发生的费用，应计入的会计科目是（　　）。

A. 长期待摊费用　　B. 营业外支出

C. 在建工程　　D. 管理费用

5. 和年限平均法相比，采用年数总和法对固定资产计提折旧将使(　　)。

A. 计提折旧的初期，企业利润减少，固定资产原值减少

B. 计提折旧的初期，企业利润减少，固定资产净值减少

C. 计提折旧的后期，企业利润减少，固定资产原值减少

D. 计提折旧的后期，企业利润减少，固定资产净值减少

6. 下列固定资产中，应计提折旧的是（　　）。

A. 未提足折旧提前报废的房屋　　B. 闲置的房屋

C. 已提足折旧继续使用的房屋　　　　D. 经营租赁租入的房屋

7. 甲公司购入生产用需安装的旧机器一台，售出单位该机器的账面原价500 000元，双方按质论价，以410 000元成交，发生运费2 000元，包装费1 000元，购入后发生安装成本8 000元。款项用银行存款支付，不考虑相关税费，则甲公司在机器安装完毕交付使用时应作的会计分录为（　　）。

A. 借：固定资产　421 000
　　贷：银行存款　421 000

B. 借：固定资产　421 000
　　贷：在建工程　421 000

C. 借：固定资产　511 000
　　贷：固定资产　511 000

D. 借：固定资产　511 000
　　贷：在建工程　421 000
　　　　累计折旧　90 000

8. 某企业为延长甲设备的使用寿命，2013 年 6 月对其进行改良，并于当月完工，改良时发生相关支出共计 20 万元，估计能使甲设备延长使用寿命 2 年。根据 2013 年 6 月末的账面记录，甲设备的原账面原价为 120 万元，已提折旧为 57 万元，未计提减值准备。则该企业 2013 年 6 月可以予以资本化的甲设备后续支出为（　　）万元。

A. 0　　B. 15　　C. 18　　D. 20

9. 对于工程在建造过程中发生的盘亏净损失，应当计入下列哪个会计科目(　　)。

A. 待处理财产损益　　B. 固定资产清理

C. 固定资产　　D. 在建工程

10. 企业的固定资产进行处置时，一般应先通过下列哪个会计科目进行核算(　　)。

A. 待处理财产损益　　B. 固定资产清理

C. 管理费用　　D. 营业外支出

11. 下列固定资产中，应计提折旧的是（　　）。

A. 季节性停用的设备　　B. 当月交付使用的设备

C. 未提足折旧提前报废的设备　　D. 已提足折旧继续使用的设备

12. 企业的下列固定资产，按规定不应计提折旧的是(　　)。

A. 经营性租入的设备　　B. 融资租入的设备

C. 经营性租出的房屋　　D. 未使用的房屋

13. 购置需安装固定资产的入账价值为( )。

A. 含增值税购买价

B. 含增值税购买价+安装调试费+包装费+运费

C. 不含增值税购买价

D. 不含增值税购买价+安装调试费+包装费+运费

14. 为建造固定资产而发生的利息支出，在固定资产达到预定可使用状态后发生的，应计入( )。

A. 在建工程 B. 财务费用 C. 营业费用 D. 固定资产

15. 下列设备中，不应计提固定资产折旧的是( )。

A. 季节性停用的大型设备

B. 已提足折旧仍在使用的大型设备

C. 以融资租赁方式租入的大型设备

D. 以经营租赁方式租出的大型设备

16. 一台机器设备原值 80 000 元，估计净残值 8 000 元，预计可使用 12 年，按直线法计提折旧，则第二年应计提折旧为( )元。

A. 6 600 B. 6 000 C. 7 000 D. 8 000

17. 某固定资产使用年限为 5 年，在采用年数总和法计提折旧的情况下，第一年的年折旧率为( )。

A. 20% B. 33% C. 40% D. 50%

18. 某固定资产原值为 250 000 元，预计净残值 6 000 元，预计可以使用 8 年，按照双倍余额递减法计算，第二年应提取的折旧为( )元

A. 46 875 B. 45 750 C. 61 000 D. 30 500

19. 固定资产的特征不包括的是( )。

A. 为生产商品、提供劳务而持有的 B. 为出租或经营管理而持有的

C. 单位价值较高 D. 使用寿命超过一个会计年度

20. 对于固定资产的成本，下列说法错误的是( )。

A. 以一笔款项购入多项没有单独标价的固定资产，应当按照各项固定资产账面价值比例对总成本进行分配，分别确定各项固定资产的成本

B. 购买固定资产的价款超过正常信用条件延期支付，实质上具有融资性质的，固定资产的成本以购买价款的现值为基础确定

C. 自行建造固定资产的成本，由建造该项资产达到预定可使用状态前所发生的必要支出构成

D. 外购固定资产的成本，包括购买价款、相关税费、使固定资产达到预定可使用状态前所发生的可归属于该项资产的运输费、装卸费、安装费和专业人

员服务费等

二、多项选择题

1. 采用自营方式建造固定资产的情况下，下列项目中应计入固定资产取得成本的有(　　)。

A. 工程耗用原材料

B. 工程人员工资

C. 工程领用本企业商品的实际成本

D. 企业行政管理部门为组织和管理生产经营活动而发生的管理费用

2. 外购固定资产入账价值包括(　　)。

A. 买价　　B. 运杂费

C. 安装调试费　　D. 保险费

3. 我国会计实务中，允许的加速折旧方法包括(　　)。

A. 年限平均法　　B. 工作量法

C. 双倍余额递减法　　D. 年数总和法

4. 下列各项中，可以计入当期损益的是(　　)。

A. 与固定资产有关的后续支出

B. 固定资产按月计提的折旧

C. 固定资产盘亏造成的损失

D. 固定资产达到预定可使用状态前发生的借款利息

5. 计提固定资产折旧时，始终考虑固定资产净残值的折旧方法有(　　)。

A. 年限平均法　　B. 工作量法

C. 双倍余额递减法　　D. 年数总和法

E. 计划成本法

6. 下列各类机器设备，应计提折旧的有(　　)。

A. 融资租入的机器设备　　B. 经营租入的机器设备

C. 季节性停用的机器设备　　D. 已提足折旧继续使用的机器设备

7. 影响企业某一会计期间固定资产折旧额的主要因素有(　　)。

A. 固定资产原价　　B. 预计净残值

C. 使用寿命　　D. 折旧方法

E. 固定资产减值准备

8. 企业在生产经营期间对报废的固定资产进行会计处理时，发生的净损益应计入(　　)科目。

A. 营业外收入　B. 其他业务收入　C. 管理费用　　D. 营业外支出

E. 其他业务成本

9. 下列各项，应通过“固定资产清理”科目核算的有(　　)。

A. 固定资产报废　　B. 固定资产出售

C. 固定资产扩建　　D. 固定资产对外投资

E. 固定资产盘亏

10. 企业已入账的固定资产，在下列情况下可以调整固定资产账面价值的有(　　)。

A. 发现原记固定资产价值有错误　　B. 对固定资产进行改良

C. 将固定资产的一部分拆除　　D. 根据实际价值调整原来的暂估价

E. 对固定资产进行大修理

11. 自营工程领用本企业产品时应作分录为(　　)。

A. 借：在建工程　　B. 借：工程物资

C. 贷：应交税费　　D. 贷：产成品

12. 下列与企业购建一栋厂房相关的支出中，构成固定资产入账价值的有(　　)。

A. 支付的增值税

B. 支付的耕地占用税

C. 自建厂房借款在工程建造过程中发生的利息

D. 支付的建筑工人工资

13. 企业至少应当于每年年度终了，对固定资产的使用寿命、预计净残值和折旧方法进行复核。下列表述正确的有(　　)。

A. 使用寿命预计数与原先估计数有差异的，应当调整固定资产使用寿命

B. 预计净残值预计数与原先估计数有差异的，应当调整预计净残值

C. 与固定资产有关的经济利益预期实现方式有重大改变的，应当改变固定资产折旧方法

D. 固定资产使用寿命、预计净残值和折旧方法的改变应当作为会计估计变更

14. 下列固定资产中应计提折旧的有(　　)。

A. 融资租赁方式租入的固定资产

B. 按规定单独估价作为固定资产入账的土地

C. 以经营租赁方式租出的固定资产

D. 已提足折旧继续使用的固定资产

15. 下列各项中，可以计入当期损益的是(　　)。

A. 与固定资产有关的后续支出

B. 购买固定资产实际支付的价款与购买价款的现值之间的差额

C. 固定资产按月计提的折旧

D. 固定资产盘亏造成的损失，应当计入当期损益

三、判断题

1. 企业接受其他单位的固定资产投资时，“固定资产”账户入账金额应考虑投资方原账面价值，但“实收资本”账户应按双方合同约定的价值入账。(　　)

2. 按双倍余额递减法计提的折旧额在任何时期都大于按年限平均法计提的折旧额。(　)

3. 企业在计提固定资产折旧时，当月增加的固定资产当月不提折旧，当月减少的固定资产当月照提折旧。(　)

4. 企业生产车间以经营租赁方式将一台固定资产出租给某单位使用，该固定资产的所有权尚未转移。企业对该固定资产仍应计提折旧，计提折旧时应计入“其他业务成本”账户。(　　)

5. 固定资产的可收回金额是指资产的销售净价与预期从该资产的持续使用和使用寿命结束时的处置中形成的现金流量的现值两者之中的较低者，其中销售净价是指资产的销售价格减去处置资产所发生的相关税费后的余额。(　)

6. 企业的固定资产应当在期末时按照账面价值与可收回金额孰低计量，对可收回金额低于账面价值的差额，应当计提固定资产减值准备。(　　)

7. 与固定资产有关的后续支出，如果符合固定资产确认的条件，应当计入固定资产成本，如果不符合固定资产确认条件，应当在发生时计入当期损益。(　)

8. 固定资产出售、报废、由于各种不可抗拒的自然灾害而产生的毁损，均应通过“固定资产清理”科目，计算出处置固定资产的净损益后，直接转入“本年利润”。(　　)

9. 按现行企业会计制度的规定，企业未使用的机器设备和房屋建筑物均不计提折旧。(　　)

10. 固定资产后续支出不论何种情况均应计入固定资产的成本中。(　　)

四、业务题

1. 2013 年 4 月 1 日，甲公司为降低采购成本，向乙公司一次购进了 3 套不同型号且具有不同生产能力的设备 A、B 和 C。甲公司为该批设备共支付货款 7 800 000 元,增值税税额 1 326 000 元，包装费 42 000 元，全部以银行存款支付。假定设备 A、B 和 C 均满足固定资产的定义及其确认条件，公允价值分别为

2 926 000 元、3 594 800 元、1 839 200 元；不考虑其他相关税费。

要求：

（1）分别计算 A、B、C 三种设备的入账价值。

（2）编制甲公司购入固定资产的会计处理。

2. 某生产用设备的账面原价为 800 万元，预计使用年限为 5 年，预计净残值为 20 万元。要求采用双倍余额递减法计算该设备每年应计提的折旧并作出每年计提折旧的会计分录。

3. 甲公司自行建造仓库一座，购入为工程准备的各种物资 200 000 元，支付的增值税税额为 34 000 元，实际领用工程物资（含增值税）210 600 元，剩余物资转作企业存货；另外还领用了企业生产用原材料一批，实际成本为 30 000 元，应转出的增值税为 5 100 元；分配工程人员工资 50 000 元，企业辅助生产车间为工程提供有关劳务支出 10 000 元，工程完工交付使用。编制相关会计分录。

4. 甲公司购置了一套需要安装的生产线。与该生产线有关的业务如下：

（1）2010 年 9 月 3 0 日，以银行存款购入待安装的生产线。增值税专用发票注明的买价为 400 000 元，增值税税额为 68 000 元。另外，以银行存款支付保险费等相关费用 32 000 元。该待安装生产线购入后直接交付本公司安装部门进行安装。

（2）安装生产线时，领用本公司产品一批。该批产品实际成本为 40 000 元，税务部门核定的计税价格为 80 000 元，适用的增值税税率为 17%。

（3）安装工程人员应计工资 18 000 元，用银行存款支付其他费用16 400元。

（4）2010 年 12 月 31 日，安装工程结束，并随即投入使用。该生产线预计使用年限为 5 年，采用双倍余额递减法计算折旧（预计净残值率为 5%）。

（5）2012 年 12 月 31 日，甲公司将该生产线出售，出售时用银行存款支付清理费用 30 000 元，出售所得款项 50 000 元全部存入银行（不考虑相关税费）。清理于当日完毕。

要求：

（1）编制甲公司 2010 年度与购建生产线有关的会计分录。

（2）编制甲公司 2011 年度计提折旧的会计分录。

（3）编制甲公司 2012 年度计提折旧及与出售该生产线相关的会计分录。

5. 某企业出售房屋一幢，账面原价 500 000 元，已提折旧 140 000 元，出售时以银行存款支付发生清理费用 600 元，出售价款为 320 000 元，出售固定资产适用的营业税税率为 5%。

要求：编制企业与出售厂房有关的会计分录。

6. 某企业于 2012 年 9 月 5 日对一生产线进行改扩建，改扩建前该生产线的原价为900万元，已提折旧200万元，已提减值准备50万元。在改扩建过程中领用工程物资300万元，领用生产用原材料50万元，原材料的进项税额为8.5万元。发生改扩建人员工资80万元，用银行存款支付其他费用61.5万元。该生产线于2012年12月20日达到预定可使用状态，该企业对改扩建后的固定资产采用年限平均法计提折旧，预计尚可使用年限为10年，预计净残值为50万元。

要求：

（1）编制上述与固定资产改扩建有关业务的会计分录。计算改扩建后固定资产的入账价值。

（2）计算改扩建后的生产线2013年和2014年每年应计提的折旧额。

第五章 无形资产

一、单项选择题

1. 下列项目中，应确认为无形资产的是(　　)。

A. 企业自创商誉

B. 企业内部产生的品牌

C. 企业内部研究开发项目研究阶段的支出

D. 企业购入的专利权

2. 企业出租无形资产所取得的收入，计入（　　）科目。

A. 营业外收入　　B. 投资收益

C. 其他业务收入　　D. 主营业务收入

3. 企业自行开发无形资产，在研究开发过程中发生的各种费用计入(　　)科目。

A. 管理费用　　B. 无形资产　　C. 研发支出　　D. 营业外支出

4. 无形资产在确认后发生的支出，应当在发生时计入（　　）。

A. 在建工程　　B. 无形资产　　C. 当期损益　　D. 营业外支出

5. 企业根据有关规定申请取得土地使用权支付的土地出让金，作为（　　）处理。

A. 当期费用　　B. 无形资产　　C. 生产成本　　D. 投资成本

6. 企业自行开发并按法定程序申请取得的无形资产，按依法取得时发生的注册费、律师费，计入（　　）科目。

A. 无形资产　　B. 营业外支出

C. 管理费用　　D. 其他业务支出

7. 企业出售无形资产所取得的净收益，应计入（　　）科目。

A. 其他业务收入　　B. 营业外收入

C. 投资收益　　D. 主营业务收入

8. 无形资产预期不能给企业带来经济利益时，应将其账面价值列入（　　）

科目。

A. 营业外支出 B. 其他业务成本 C. 管理费用 D. 投资收益

9. 关于企业内部研究开发项目的支出，下列说法中错误的是( )。

A. 企业内部研究开发项目的支出，应当区分研究阶段支出与开发阶段支出

B. 企业内部研究开发项目研究阶段的支出，应当于发生时计入当期损益

C. 企业内部研究开发项目开发阶段的支出，应确认为无形资产

D. 企业内部研究开发项目开发阶段的支出，可能确认为无形资产，也可能确认为费用

10. 甲公司出售所拥有的无形资产一项，取得收入 300 万元，营业税税率为 5%。该无形资产取得时实际成本为 400 万元，已摊销 120 万元，已计提减值准备 50 万元。甲公司出售该项无形资产应计入当期损益的金额为（ ）万元。

A. -100 B. -20 C. 300 D. 55

11. 无形资产是指企业拥有或控制的没有实物形态的可辨认非货币性资产。无形资产不包括的内容有（ ）。

A. 专利权 B. 非专利技术 C. 土地使用权 D. 商誉

12. 甲公司内部研究开发一项专利技术项目，2013 年 1 月在研究开发中研究阶段的支出，实际发生有关研究费用 60 万元。2013 年开发阶段的支出，包括实际发生材料费用 100 万元，参与研究的人员薪酬 50 万元，假定符合资本化条件。2013 年 2 月依法申请注册取得专利权，发生注册费 3 万元，律师费 7 万元，则 2013 年 2 月该无形资产的入账价值应为（ ）万元。

A. 160 B. 210 C. 70 D. 10

13. 企业购入或支付土地出让金取得的土地使用权，在开发或建造自用固定资产项目后，作为核算的会计科目是（ ）。

A. 固定资产 B. 在建工程 C. 无形资产 D. 长期待摊费用

14. 2013 年 4 月 16 日，AS 公司将一项专利权出售，取得价款 30 万元，转让交易适用的营业税税率为 5%。该专利权为 2011 年 1 月 18 购入，实际支付的买价为 70 万元，另付相关费用 2 万元。该专利权的摊销年限为 5 年，采用直线法摊销。转让该专利形成的净损失为（ ）万元。

A. 12.30 B. 9.60 C. 10.80 D. 11.10

15. 企业出售无形资产发生的净损失应计入（ ）。

A. 其他业务成本 B. 主营业务成本

C. 投资收益 D. 营业外支出

16. 无形资产预期不能为企业带来经济利益的，应按已计提的累计摊销，借记“累计摊销”科目，原已计提减值准备的，借记“无形资产减值准备”科目，

按其账面余额，贷记“无形资产”科目，按其差额借记的科目是(　　)。

A. 营业外支出　B. 管理费用　C. 投资收益　D. 营业外收入

17. A公司2007年2月购买一项专利技术，未支付价款；2007年3月支付全部价款；2007年4月开始进行该项专利技术的测试，2007年5月完成该专利技术测试任务，其达到能够按管理层预定的方式运作所必需的状态，则无形资产的摊销期开始的月份为（　　）。

A. 2月　B. 3月　C. 4月　D. 5月

18. 某企业自行研究开发一项新产品专利技术，在研究开发过程中发生材料费3 000万元、职工薪酬1 000万元以及其他费用4 000万元，总计8 000万元，其中，符合资本化条件的支出为5 000万元，期末，该专利技术已经达到预定用途，则无形资产的入账成本为（　　）万元。

A. 5 000　B. 8 000　C. 0　D. 4 000

二、多项选择题

1. 关于无形资产的确认，应同时满足的条件有（　　）。

A. 必须是外购的

B. 应符合无形资产的定义

C. 与该无形资产有关的经济利益很可能流入企业

D. 该无形资产的成本能够可靠地计量

2. 关于无形资产的初始计量，下列说法中正确的是(　　)。

A. 外购无形资产的成本，包括购买价款、相关税费以及直接归属于使该项资产达到预定用途所发生的其他支出

B. 购入无形资产超过正常信用条件延期支付价款，实质上具有融资性质的，应按所购无形资产购买价款总额入账

C. 投资者投入无形资产的成本，应当按照投资合同或协议约定的价值确定，但合同或协议约定价值不公允的除外

D. 自行开发的无形资产，其成本包括自满足无形资产确认条件后至达到预定用途前所发生的支出总额，但对于以前期间已经费用化的支出不再进行调整

3. 下列事项中，符合现行会计制度规定的是（　　）。

A. 购入的无形资产按实际支付的价款作为实际成本

B. 投资者投资转入的无形资产按投资各方确定的价值（价值公允）作为其实际成本

C. 自创的无形资产按其研发过程中发生实际支出作为其初始成本

D. 无形资产在确认后发生的支出计入当期损益

4. 下列各项中，会引起无形资产账面价值发生增减变动的有（　　）。

A. 对无形资产计提减值准备　　　　B. 发生无形资产后续支出

C. 摊销无形资产成本　　　　　　　D. 转让无形资产所有权

5. 下列关于无形资产研发支出的说法，正确的有（　　）。

A. 企业内部研究开发项目研究阶段的支出，应该计入无形资产的成本

B. 企业内部研究开发项目研究阶段的支出，应该计入“研发支出”科目，于期末转入“管理费用”科目

C. 企业内部研究开发项目开发阶段的支出，符合资本化条件时可以资本化

D. 符合资本化条件但尚未完成的开发费用，期末应保留在“研发支出”科目中

6. 下列关于无形资产处置的说法中，正确的有（　　）。

A. 无形资产预期不能为企业带来经济利益的，应将该无形资产的账面价值予以转销，其账面价值转作当期营业外支出

B. 企业出售无形资产的，应将所取得的价款与该无形资产的账面价值的差额计入当期损益

C. 无形资产预期不能为企业带来经济利益的，也应按原预定方法和使用寿命摊销

D. 企业出租无形资产获得的租金收入应通过“其他业务收入”科目核算

E. 企业出售无形资产发生的净损益通过“营业外收入”或“营业外支出”科目核算

7. 下列有关无形资产的会计处理中，不正确的是(　　)。

A. 转让无形资产使用权所取得的收入应计入营业外收入

B. 使用寿命不确定的无形资产，不应摊销

C. 转让无形资产所有权所发生的支出应计入其他业务成本

D. 购入但尚未投入使用、使用寿命确定的无形资产的价值不应进行摊销

8. 下列有关无形资产的后续计量中，说法不正确的是(　　)。

A. 使用寿命不确定的无形资产应按 10 年的期限进行摊销

B. 无形资产必须采用直线法进行摊销

C. 使用寿命确定的无形资产应该按照系统合理的方法摊销

D. 企业无形资产的摊销方法应当反映与该项无形资产有关的经济利益的预期实现方式

9. “研发支出”科目核算企业进行研究与开发无形资产过程中发生的各项支出，其正确的表述方法是（　　）。

A. 本科目应当按照研究开发项目，分“费用化支出”与“资本化支出”进

行明细核算

B. 企业自行开发无形资产发生的研发支出，不满足资本化条件的，借记“研发支出——费用化支出”科目，满足资本化条件的，借记“研发支出——资本化支出”科目

C. 企业以其他方式取得的正在进行中的研究开发项目，应按确定的金额，借记“研发支出——资本化支出”科目

D. 期末，企业应将该科目归集的费用化支出金额，借记“管理费用”科目，贷记“研发支出——资本化支出”科目

E. 研究开发项目达到预定用途形成无形资产的，应按“研发支出——资本化支出”的余额，借记“无形资产”科目，贷记“研发支出——资本化支出”科目

10. 企业有关土地使用权正确的会计处理方法是（　　）。

A. 企业取得的土地使用权通常应确认为无形资产

B. 土地使用权用于自行开发建造厂房等地上建筑物时，相关的土地使用权应当计入所建造的厂房建筑物成本

C. 房地产开发企业取得的土地使用权用于建造对外出售的房屋建筑物，土地使用权与地上建筑物分别进行摊销和提取折旧

D. 企业外购的房屋建筑物支付的价款无法在地上建筑物与土地使用权之间分配的，应当按照《企业会计准则第 4 号——固定资产》规定，确认为固定资产原价

E. 企业改变土地使用权的用途，将其作为用于出租或增值的目的时，应将其账面价值转为投资性房地产

11. 下列经济业务不应通过“无形资产”科目核算的有（　　）。

A. 购入一项专利权和相关设备，而相对价值较小的专利权

B. 企业合并成本大于合并取得被购买方各项可辨认资产、负债公允价值份额差额形成的商誉

C. 企业经划拨无偿取得的土地使用权

D. 购入的计算机公司为客户开发的软件

12. 下列有关无形资产会计处理的表述中，正确的是（　　）。

A. 企业出售无形资产，应当将取得的价款与该无形资产账面价值的差额计入当期损益

B. 无形资产预期不能为企业带来经济利益的，应当将该无形资产的账面价值计入管理费用

C. 企业摊销无形资产，应当自无形资产可供使用时起，至不再作为无形资

产确认时止

D. 只有很可能为企业带来经济利益且其成本能够可靠计量的无形资产才能予以确认

E. 无论使用寿命确定或不确定的无形资产，均应按期摊销

13. 下列有关无形资产摊销的核算处理，不正确的有（ ）。

A. 企业对使用寿命有限的无形资产进行摊销，摊销金额一般应当计入当期损益，同时贷记“累计摊销”科目

B. 企业对使用寿命有限的无形资产进行摊销，摊销金额一般应当计入当期损益，同时贷记“无形资产”科目

C. 企业的无形资产摊销方法，只能采用直线法摊销，不允许采用其他方法摊销

D. 使用寿命有限的无形资产，其残值一定为零

E. 某项无形资产包含的经济利益通过所生产的产品或其他资产实现的，其摊销金额应当计入相关资产的成本

三、判断题

1. 企业开发阶段发生的支出应全部资本化，计入无形资产成本。（ ）

2. 企业取得的使用寿命有限的无形资产均应按直线法摊销。（ ）

3. 内部开发无形资产的成本仅包括在满足资本化的时点至无形资产达到预定用途前发生的支出总和，对于同一项无形资产在开发过程中达到资本化条件之前已经费用化计入当期损益的支出应该进行调整。（ ）

4. 企业自行开发无形资产的研发支出，无论是否满足资本化条件，均应先在“研发支出”账户中归集。（ ）

5. 企业出售无形资产，应将所得价款与该项无形资产的账面价值之间的差额计入当期的其他业务利润。（ ）

6. 无形资产预期不能为企业带来经济利益的，应将该无形资产的账面价值予以转销。（ ）

7. 企业会计制度规定，无形资产应当自取得月份的下一个月份起在预计使用年限内平均摊销。（ ）

8. 使用寿命不确定的无形资产不用进行摊销，也不用进行减值测试计提减值准备。（ ）

四、业务题

1. 甲企业 2008 年 1 月 1 日从乙企业购入一项专利的所有权，以银行存款支

付买价和有关费用共计 180 万元。该项专利自可供使用时起至不再作为无形资产确认时止的年限为 10 年，假定甲企业于年末一次计提全年无形资产摊销。2010 年 1 月 1 日，甲企业将上述专利权出售给丙企业，取得收入 120 万元存入银行，该项收入适用的营业税税率为 5%（不考虑其他税费）。

要求：

（1）编制甲企业购入专利权的会计分录。

（2）计算该项专利权的年摊销额并编制有关会计分录。

（3）编制与该项专利权转让有关的会计分录并计算转让该项专利权的净损益。

2. 乙企业自 2008 年 1 月 1 日开始自行研究开发一项新产品专利技术，2009 年 10 月该项专利技术获得成功，达到预定用途。2008 年在研究开发过程中发生材料费 400 万元、人工工资 80 万元以及支付其他费用 50 万元，共计 530 万元，其中，符合资本化条件的支出为 380 万元；2009 年在研究开发过程中发生材料费 180 万元、人工工资 60 万元以及支付其他费用 40 万元，共计 280 万元，其中符合资本化的支出为 250 万元。

要求：编制乙企业 2008 年度和 2009 年度有关研究开发专利权的会计分录。

3. 丙公司 2007 年 1 月 1 日，以银行存款购入一项无形资产。该无形资产的实际成本为 500 万元，摊销年限为 10 年，直线法摊销。2011 年 12 月 31 日，该无形资产发生减值，预计可收回金额为 200 万元。计提减值准备后，该无形资产原摊销年限不变。

要求：

（1）完成 2007 年 1 月 1 日至 2012 年 12 月 31 日与该无形资产相关的全部会计处理（假设摊销无形资产每年年末进行一次）。

（2）计算 2012 年 12 月 31 日，该无形资产的账面余额和账面价值。

第六章 投资性房地产

一、单项选择题

1. 下列项目不属于投资性房地产的是(　　)。

A. 已出租的建筑物

B. 持有并准备增值后转让的土地使用权

C. 持有并准备增值后转让的房屋建筑物

D. 已出租的土地使用权

2. 下列投资性房地产初始计量的表述不正确的有(　　)。

A. 外购的投资性房地产按照购买价款、相关税费和可直接归属于该资产的其他支出确认成本

B. 自行建造投资性房地产的成本，由建造该项资产达到可销售状态前所发生的必要支出构成

C. 债务重组取得的投资性房地产按照债务重组的相关规定处理

D. 非货币性资产交换取得的投资性房地产按照非货币性资产交换准则的规定处理

3. 2008 年 3 月 1 日，甲公司购入一幢建筑物用于出租，取得发票上注明的价款为 300 万元，款项以银行存款支付。购入该建筑物发生的契税为 5 万元，也以银行存款支付。该投资性房地产的入账价值为(　　)万元。

A. 305　　B. 300　　C. 5　　D. 295

4. 甲公司的投资性房地产采用公允价值计量模式。2008 年 7 月 1 日，甲公司将一项固定资产转换为投资性房地产。该固定资产的账面余额为 200 万元，已提折旧 20 万元，已经计提的减值准备为 10 万元。该投资性房地产的公允价值为 190 万元。转换日投资性房地产的入账价值为(　　)万元。

A. 200　　B. 190　　C. 170　　D. 180

5. 自用房地产转换为采用公允价值模式计量的投资性房地产，投资性房地产应当按照转换当日的公允价值计量。转换当日的公允价值大于原账面价值的

差额通过(　　)科目核算。

A. 营业外收入　　B. 公允价值变动损益

C. 资本公积　　D. 其他业务收入

6. 企业的投资性房地产采用公允价值计量模式。2007 年 1 月 1 日，该企业将一项固定资产转换为投资性房地产。该固定资产的账面余额为 100 万元，已提折旧 20 万元，已经计提的减值准备为 10 万元，转换当日的公允价值为 65 万元，转换日影响当期损益的金额是(　　)万元。

A. 0　　B. 5　　C. 15　　D. 35

7. 某企业采用公允价值模式对投资性房地产进行后续计量，2008 年 6 月 10 日达到预定可使用状态的自行建造的办公楼对外出租，该办公楼建造成本为 2 500万元，预计使用年限为 30 年，预计净残值为 100 万元。在采用年限平均法计提折旧的情况下，2008 年该办公楼应计提的折旧为(　　)。

A. 80　　B. 40　　C. 0　　D. 83. 33

8. 甲企业 2009 年 1 月 1 日外购一幢建筑物。该建筑物的售价（含税）为 400 万元，以银行存款支付。该建筑物用于出租，年租金为 40 万元。每年年初收取租金。该企业对此项投资性房地产采用公允价值模式进行后续计量。2009 年 12 月 31 日，该建筑物的公允价值为 430 万元。不考虑相关税费，2009 年该项交易影响当期损益的金额为(　　)万元。

A. 70　　B. 40　　C. 30　　D. 50

9. 企业对以公允价值模式进行后续计量的投资性房地产取得的租金收入，应该贷记(　　)科目。

A. 投资收益　　B. 公允价值变动损益

C. 营业外收入　　D. 其他业务收入

10. 企业处置一项以成本模式计量的投资性房地产，实际收到的金额为 70 万元，投资性房地产的账面余额为 120 万元，累计计提的折旧金额为 60 万元，计提的减值准备的金额为 20 万元。假设不考虑相关税费，处置该项投资性房地产的净收益为(　　)万元。

A. 30　　B. 20　　C. 40　　D. 10

11. 处置采用公允价值模式计量的投资性房地产时，下列说法正确的是(　　)。

A. 应将确认的投资性房地产累计公允价值变动金额转入其他业务收入，从而影响当期营业利润

B. 应将原来在转换日计入公允价值变动损益的金额转入其他业务收入，从而影响当期营业利润

C. 应将确认的投资性房地产累计公允价值变动影响公允价值变动损益的金

额转入其他业务收入，但不影响当期营业利润

D. 对于投资性房地产的累计公允价值变动金额，在处置时不需要进行会计处理

12. 企业出售、转让、报废投资性房地产时，应当将所处置投资性房地产的账面价值计入(　　)。

A. 公允价值变动损益　　B. 投资收益

C. 其他业务成本　　D. 资本公积

13. 某企业采用公允价值模式对投资性房地产进行后续计量，2013 年 6 月 10 日达到预定可使用状态的自行建造的办公楼对外出租，该办公楼建造成本为 2 500 万元，预计使用年限为 30 年，预计净残值为 100 万元。在采用年限平均法计提折旧的情况下，2013 年该办公楼应计提的折旧为(　　)。

A. 80　　B. 40　　C. 0　　D. 83. 33

二、多项选择题

1. 下列关于投资性房地产后续计量模式的变更，正确的表述是(　　)。

A. 企业对投资性房地产的计量模式一经确定，不得随意变更

B. 成本模式转为公允价值模式的，应当作为会计政策变更处理

C. 已采用公允价值模式计量的投资性房地产，不得从公允价值模式转为成本模式

D. 计量模式变更时公允价值与账面价值的差额，调整期初留存收益（未分配利润和盈余公积）

2. 对投资性房地产的后续计量，下列说法中正确的是(　　)。

A. 企业通常应当采用成本模式对投资性房地产进行后续计量，也可采用公允价值模式对投资性房地产进行后续计量

B. 企业选择采用公允价值模式对投资性房地产进行后续计量的，以后期间也可采用成本模式对投资性房地产进行后续计量

C. 投资性房地产的后续计量模式一经确定不得随意变更

D. 企业只能采用公允价值模式对投资性房地产进行后续计量

3. 企业将自用房地产或存货转换为采用公允价值模式计量的投资性房地产，下列说法正确的有(　　)。

A. 自用房地产或存货转换为采用公允价值模式计量的投资性房地产，该项投资性房地产应当按照转换当日的账面价值计量

B. 自用房地产或存货转换为采用公允价值模式计量的投资性房地产，该项投资性房地产应当按照转换当日的公允价值计量

C. 转换当日的公允价值小于原账面价值的差额计入公允价值变动损益

D. 转换当日的公允价值小于原账面价值的差额计入到资本公积（其他资本公积）

4. 下列情况下，企业可将其他资产转换为投资性房地产的有(　　)。

A. 原自用生产线停止自用改为出租

B. 房地产企业将开发的准备出售的商品房改为经营出租

C. 自用建筑物停止自用改为经营出租

D. 经营出租的土地使用权收回改为自用

5. 采用公允价值模式进行后续计量的投资性房地产，应当同时满足(　　)条件。

A. 企业能够取得交易价格的信息

B. 投资性房地产所在地有活跃的房地产交易市场

C. 所有的投资性房地产有活跃的房地产交易市场

D. 企业能够从活跃的房地产交易市场上取得同类或类似房地产的市场价格及其他相关信息，从而对投资性房地产的公允价值作出合理的估计

6. 将投资性房地产转换为其他资产或者将其他资产转换为投资性房地产，关于转换日的确定，叙述正确的有(　　)。

A. 企业于 2013 年 5 月 15 日开始将原本用于出租的房地产改用于自身生产使用，则该房地产的转换日为 2008 年 5 月 15 日

B. 房地产开发企业 2013 年 6 月 30 日决定将其持有的开发产品以经营租赁的方式出租，租赁期开始日为 2013 年 7 月 1 日，则该房地产的转换日为 2013 年 7 月 1 日

C. 企业 2013 年 10 月 20 日将原本用于经营管理的土地使用权停止自用，于 2013 年 11 月 30 日改用于资本增值，则该房地产的转换日为 2013 年 10 月 20 日

D. 企业 2013 年 6 月 4 日将原本用于生产商品的房地产改用于出租，租赁期开始日为 2013 年 7 月 1 日，则该房地产的转换日为 2013 年 7 月 1 日

7. 关于投资性房地产的后续计量，下列说法正确的有(　　)。

A. 采用公允价值模式计量的，应对投资性房地产计提折旧或进行摊销

B. 已采用公允价值模式计量的投资性房地产，可以从公允价值模式转为成本模式

C. 已经采用成本模式计量的，可以转为采用公允价值模式计量

D. 采用成本模式计量的，应对投资性房地产计提折旧或进行摊销

8. 下列各项中，影响企业当期损益的是(　　)。

A. 采用成本模式计量，期末投资性房地产的可收回金额高于账面价值的

差额

B. 采用成本模式计量，期末投资性房地产的可收回金额高于账面余额的差额

C. 企业将采用公允价值计量的投资性房地产转为自用的房地产，转换日的公允价值高于账面价值的差额

D. 自用的房地产转换为采用公允价值模式计量的投资性房地产时，转换日房地产的公允价值小于账面价值的差额

9. 下列表述正确的有(　　)。

A. 按照国家有关规定认定的闲置土地属于持有并准备转让的土地使用权

B. 某项房地产部分用于出租，部分用于自用，能够区分的分开核算出租部分和自用部分

C. 某项房地产部分用于出租，部分用于自用，能够区分的分开核算出租部分和自用部分，不能区分的全部作为投资性房地产核算

D. 某项房地产部分用于出租，部分用于自用，能够区分的分开核算出租部分和自用部分，不能区分的全部作为自用房产核算

10. 下列属于企业投资性房地产的有(　　)。

A. 企业经营租赁方式出租的办公楼

B. 企业自行建造的已出租的厂房

C. 企业生产经营用的房地产

D. 企业经营租赁方式出租的生产线

11. 下列各项中，不属于投资性房地产的是(　　)。

A. 房地产企业开发的准备出售的商品房

B. 房地产企业开发的已出租的房屋

C. 企业持有的准备增值后转让的土地使用权

D. 企业以经营租赁方式租入的生产线

12. 下列项目中不属于投资性房地产的有(　　)。

A. 已出租的生产线

B. 持有并准备增值后转让的建筑物

C. 按照国家有关规定认定的闲置土地

D. 经营租赁方式租入的建筑物再出租的

13. 下列关于成本计量模式下企业处置投资性房地产会计处理的说法中，正确的有(　　)。

A. 应使用“投资性房地产清理”科目

B. 应按实收金额贷记“其他业务收入”科目

C. 应按投资性房地产的账面价值借记“其他业务成本”科目

D. 应将实收金额与投资性房地产账面价值之间的差额计入营业外收支

14. 企业出售、转让、报废投资性房地产时，不应将所处置投资性房地产的收入计入(　　)。

A. 投资收益　　B. 公允价值变动损益

C. 营业外收入　　D. 营业外支出

15. 下列各项应该计入工业企业“其他业务收入”科目的有(　　)。

A. 出售投资性房地产的收入

B. 投资性房地产的租金收入

C. 出售自用房屋的处置收益

D. 将持有并准备增值后转让的建筑物转让时所取得的收益

三、判断题

1. 企业自行建造房地产达到预定可使用状态后一段时间才对外出租或用于资本增值的，直接将其作为投资性房地产进行核算。(　　)

2. 外购投资性房地产的成本，包括购买价款、相关税费和可直接归属于该资产的其他支出。(　　)

3. 已采用公允价值模式计量的投资性房地产，不得从公允价值模式转为成本模式。(　　)

4. 采用成本模式计量的投资性房地产转为公允价值模式计量时，按照会计政策变更处理。(　　)

5. 采用公允价值模式计量的投资性房地产转为成本模式时，按照会计政策变更处理。(　　)

6. 企业采用公允价值模式进行后续计量的，也应当对投资性房地产计提折旧或进行摊销。(　　)

7. 企业采用公允价值模式进行后续计量的，不对投资性房地产计提折旧或进行摊销，应当以资产负债表日投资性房地产的公允价值为基础调整其账面价值，公允价值与原账面价值之间的差额计入其他业务成本或其他业务收入。(　　)

8. 资产负债表日采用公允价值模式计量的投资性房地产的公允价值高于其账面余额的差额，借记“投资性房地产——公允价值变动”科目，贷记“公允价值变动损益”科目。(　　)

9. 企业不论在成本模式下，还是在公允价值模式下，投资性房地产取得的租金收入，均确认为公允价值变动损益。(　　)

10. 期末企业将投资性房地产的账面余额单独列示在资产负债表上。(   )

11. 企业可随意选择成本模式或公允价值模式对投资性房地产进行后续计量。(   )

12. 自用房地产或存货转换为采用公允价值模式计量的投资性房地产时，投资性房地产应当按照转换当日的公允价值计量，公允价值与原账面价值的差额计入当期损益（其他业务收入)。(   )

13. 采用公允价值模式计量的投资性房地产转换为自用房地产时，应当以其转换当日的公允价值作为自用房地产的账面价值，公允价值与原账面价值的差额计入当期损益（投资收益)。(   )

14. 在以成本模式计量的情况下，将作为存货的房地产转换为投资性房地产的，应按其在转换日的账面余额，借记“投资性房地产”科目，贷记“库存商品”等科目。(   )

15. 企业为生产经营持有的房地产，属于企业的投资性房地产。(   )

16. 因房地产用途发生改变，企业将自用的房地产转换为投资性房地产后，则不再计提折旧或进行摊销。(   )

17. 企业通过经营租赁方式租入的办公楼再出租的也属于投资性房地产的范围。(   )

18. 企业以融资租赁方式出租建筑物不能够作为投资性房地产进行核算。(   )

19. 企业出售、转让、报废投资性房地产或者发生投资性房地产毁损时，应当将处置收入扣除其账面价值和相关税费后的金额计入当期损益即投资收益。(   )

四、业务题

1. 2012 年 1 月 25 日，A 公司自行建造投资性房地产，建造过程中发生如下有关支出：领用生产用原材料 10 000 万元，购进该批原材料时支付的增值税进项税额为 1 700 万元；辅助生产车间为该工程提供的劳务支出为 30 万元；计提有关人员工资 40 万元、福利费 10 万元。2012 年 12 月 26 日，该投资性房地产达到预定可使用状态交付使用，当日就与甲公司签订了经营租赁协议，租赁期开始日为 2012 年 12 月 31 日，租赁期为 3 年，每年年末收取租金 400 万元，A 公司对该投资性房地产采用成本模式进行后续计量，其预计使用年限为 40 年，预计净残值为 20 万元，采用直线法计提折旧，不考虑其他因素。

要求：编制 2012 年、2013 年上述业务的有关会计分录。(单位：万元)

2. B 公司于 2011 年 1 月 1 日将一幢办公楼对外出租并采用公允价值模式计

量，租期为3年，每年12月31日收取租金150万元。出租时该幢办公楼的账面余额为2 400万元，累计计提的折旧金额为400万元，未计提减值准备，公允价值为2 100万元，2011年12月31日，该幢办公楼的公允价值为2 200万元，2012年12月31日，该幢办公楼的公允价值为2 150万元，2012年12月31日，该幢办公楼的公允价值为2 000万元，2013年1月5日将该幢办公楼对外出售，收到2 100万元存入银行。

要求：编制B公司上述经济业务的会计分录。（假定按年确认公允价值变动损益和确认租金收入，单位：万元）

3. E公司将一幢自用的办公楼作为投资性房地产对外出租并采用公允价值模式对其进行后续计量。该办公楼的账面原值为3 000万元，已计提折旧600万元，已计提减值准备50万元。

要求：

（1）假定转换当日该办公楼的公允价值为2 200万元，做出相关的会计处理。（单位：万元）

（2）假定转换当日该办公楼的公允价值为2 500万元，做出相关的会计处理。（单位：万元）

4. 2013年7月31日，甲企业将出租在外的厂房收回，8月1日开始用于本企业的商品生产，该厂房相应由投资性房地产转换为自用房地产。该项房地产在转换前采用成本模式计量，截至2013年7月31日，账面价值为37 650 000元，其中，原价为50 000 000元，累计已计提折旧12 350 000元。

要求：编制甲企业上述经济业务的会计分录。

5. 甲企业拥有一栋办公楼，用于本企业总部办公。2013年3月10日，甲企业与乙企业签订了经营租赁协议，将这栋办公楼整体出租给乙企业使用，租赁期开始日为2013年4月15日，为期5年。2013年4月15日，这栋办公楼的账面余额为450 000 000元。已计提折旧3 000 000元。假设甲企业所在城市没有活跃的房地产交易市场。

要求：编制甲企业上述经济业务的会计分录。

6. 2013年10月15日，甲企业因租赁期满，将出租的写字楼收回，准备作为办公楼用于本企业的行政管理。2013年12月1日，该写字楼正式开始自用，相应由投资性房地产转换为自用房地产，当日的公允价值为48 000 000元。该项房地产在转换前采用公允价值模式计量，原账面价值为47 500 000元，其中，成本为45 000 000元，公允价值变动为增值2 500 000元。

要求：编制甲企业上述经济业务的会计分录。

7. AS公司采用公允价值模式计量投资性房地产。有关资料如下：

（1）2011 年11 月10 日 AS 公司与甲公司签订协议，将自用的职工餐厅出租给甲公司，租期为3 年，每年租金为500 万元，于年初收取，2012 年1 月1 日为租赁期开始日，2014 年12 月31 日到期。转换日的公允价值为900 万元，该固定资产账面原值为3 000 万元，已计提的累计折旧为2 000 万元，未计提减值准备。各年1 月1 日均收到租金。

（2）2012 年12 月31 日该投资性房地产的公允价值为1 200 万元。

（3）2013 年12 月31 日该投资性房地产的公允价值为1 800 万元 。

要求：

（1）编制2012 年1 月1 日转换日转换房地产的有关会计分录。（单位：万元）

（2）编制收到租金相关会计分录。（单位：万元）

（3）编制2012 年12 月31 日调整投资性房地产的会计分录。（单位：万元）

（4）编制2013 年12 月31 日调整投资性房地产的会计分录。（单位：万元）

8. 甲企业是从事房地产开发业务的企业，2012 年3 月10 日，甲企业与乙企业签订了租赁协议，将其开发的一栋写字楼整体出租给乙企业使用，租赁期开始日为2012 年4 月15 日。2012 年4 月15 日，该写字楼的账面余额为450 000 000元，未计提存货跌价准备，转换后采用公允价值模式计量。假设4月15 日该写字楼的公允价值为410 000 000 元，2012 年12 月31 日，该项投资性房地产的公允价值为430 000 000 元。2013 年4 月租赁期届满，甲企业收回该项投资性房地产，并于2013 年6 月以460 000 000 元出售，出售款项已收讫。

要求：编制甲企业上述经济业务的会计分录。

第七章 金融资产

一、单项选择题

1. 下列金融资产中，应按公允价值进行初始计量，且交易费用不计入初始入账价值的是（　　）。

A. 交易性金融资产　　B. 持有至到期投资

C. 应收款项　　D. 可供出售金融资产

2. 企业购入交易性金融资产，支付的价款为103万元，其中包含已到期尚未领取的利息3万元，另支付交易费用2万元。该项交易性金融资产的入账价值为(　　)万元。

A. 103　　B. 100　　C. 102　　D. 105

3. 根据《企业会计准则第22号——金融工具确认和计量》的规定，下列交易性金融资产的后续计量表述中，正确的是(　　)。

A. 按照摊余成本进行后续计量

B. 按照公允价值进行后续计量，公允价值变动计入当期投资收益

C. 按照公允价值进行后续计量，变动计入资本公积

D. 按照公允价值进行后续计量，公允价值变动计入当期公允价值变动损益

4. 企业出售交易性金融资产时，应按实际收到的金额，借记“银行存款”科目，按该金融资产的成本，贷记“交易性金融资产（成本)”科目，按该项交易性金融资产的公允价值变动，贷记或借记“交易性金融资产（公允价值变动)”科目，按其差额，贷记或借记(　　)。

A. “公允价值变动损益”科目　　B. “资本公积”科目

C. “投资收益”科目　　D. “营业外收入”科目

5. 持有交易性金融资产期间被投资单位宣告发放现金股利或在资产负债表日按债券票面利率计算利息时，借记“应收股利”或“应收利息”科目，贷记的会计科目是(　　)。

A. 交易性金融资产　　B. 资本公积

C. 公允价值变动损益　　　　　　　　D. 投资收益

6. 某股份有限公司于2013年2月28日以每股6元（包含已宣告尚未发放的现金股利0.25元）的价格购入某上市公司股票25万股，作为交易性金融资产核算。购买该股票支付手续费等5万元。5月25日，收到该上市公司按每股0.25元发放的现金股利。12月31日该股票的市价为每股5.5元。2013年12月31日该股票投资的账面价值为(　　)万元。

A. 125　　B. 137.5　　C. 150　　D. 143.75

7. 对于以公允价值计量且其变动计入当期损益的金融资产，下列有关业务中，应贷记“投资收益”的是(　　)。

A. 企业转让交易性金融资产时对持有期间累计产生的公允价值变动损失的处理

B. 企业收到的包含在买价中已到期但尚未领取的利息

C. 资产负债表日，持有的股票市价大于其账面价值

D. 企业持有期间获得的现金股利

8. 关于交易性金融资产的计量，下列说法中正确的是(　　)。

A. 取得交易性金融资产时，要按取得的公允价值和相关交易费用之和作为初始确认金额

B. 应当按取得该金融资产的公允价值作为初始确认金额，相关交易费用发生时计入投资收益

C. 资产负债表日，交易性金融资产的公允价值变动计入当期所有者权益

D. 处置该金融资产时，其公允价值与初始入账金额之间的差额应确认为投资收益，不调整公允价值变动损益

9. 某企业于2013年1月1日，购进当日发行的面值为1 200万元的公司债券。债券的买价为1 350万元，相关税费为10万元。该公司债券票面年利率为8%，期限为5年，一次还本付息。企业将其划分为持有至到期投资，则该企业计入“持有至到期投资”科目的金额为(　　)万元。

A. 1 360　　B. 1 200　　C. 1 350　　D. 1 340

10. 2013年8月1日，甲上市公司购入乙公司的债券，准备持有至到期。购入时支付的购买价款为105万元（其中包含已到付息期但尚未领取的利息4万元），另外用银行存款支付交易费用3万元，债券的面值为100万元。则甲公司购入时计入“持有至到期投资”科目的金额为（　）万元。

A. 105　　B. 101　　C. 104　　D. 108

11. 未发生减值的持有至到期投资如为一次还本付息债券投资，应于资产负债表日按票面利率计算确定的利息，借记“持有至到期投资——应计利息”科目，按持有至到期投资期初摊余成本和实际利率计算确定的利息收入，贷记

"投资收益"科目，按其差额，借记或贷记(　　)科目。

A. 公允价值变动损益　　B. 持有至到期投资——成本

C. 持有至到期投资——应计利息　　D. 持有至到期投资——利息调整

12. 出售持有至到期投资时，应按实际收到的金额，借记"银行存款"科目，已计提减值准备的，借记"持有至到期投资减值准备"科目，按其账面余额，贷记"持有至到期投资（成本、利息调整、应计利息）"科目，按其差额，贷记或借记(　　)科目。

A. 投资收益　　B. 营业外收入　　C. 资本公积　　D. 资产减值损失

13. 乙公司2012年1月1日购入A公司发行的3年期公司债券。公允价值为10 560.42万元，债券面值10 000万元，每半年付息一次，到期还本，票面年利率6%，实际年利率4%。采用实际利率法摊销，则M公司2013年1月1日持有至到期投资摊余成本为(　　)万元。

A. 10 471.63　　B. 10 381.06　　C. 1 056.04　　D. 1 047.16

14. 甲企业于2013年7月6日从证券市场上购入乙企业发行在外的股票100万股作为可供出售金融资产，每股支付价款2元（含已宣告但尚未发放的现金股利0.25元），另支付相关费用6万元，甲企业取得可供出售金融资产时的入账价值为(　　)万元。

A. 175　　B. 181　　C. 200　　D. 206

15. 甲公司于2013年1月1日从证券市场购入乙公司发行在外的股票30 000股作为可供出售金融资产，每股支付价款10元，另支付相关费用6 000元。2013年12月31日，这部分股票的公允价值为295 000元，该价格下跌为正常的价格波动，则甲公司2013年12月31日计入公允价值变动损益科目的金额为（　　）元。

A. 0　　B. 收益14 000　　C. 收益5 000　　D. 损失10 000

16. 出售可供出售金融资产时，应按实际收到的金额，借记"银行存款"等科目，按其账面余额，贷记"可供出售金融资产"科目，按应从所有者权益中转出的公允价值累计变动额，借记或贷记"资本公积——其他资本公积"科目，按其差额，贷记或借记(　　)科目。

A. 资产减值损失　　B. 资本公积　　C. 投资收益　　D. 营业外收入

17. 甲公司于2013年6月10日，购买乙公司股票300万股，成交价格每股10元，作为可供出售金融资产；购买该股票另支付手续费等45万元。10月20日，收到乙公司按每10股派6元的现金股利。11月30日该股票市价为每股9元，2013年12月31日以每股8元的价格将股票全部售出，则可供出售金融资产影响2013年投资收益的金额为(　　)万元。

A. -645　　B. 180　　C. -300　　D. -465

18. 资产负债表日，企业根据金融工具确认和计量准则确定持有至到期投资发生减值的，按应减记的金额，借记“资产减值损失”科目，贷记（　　）科目。

A. 投资收益　　B. 公允价值变动损益

C. 持有至到期投资——成本　　D. 持有至到期投资减值准备

19. 下列金融资产中，不应计提减值准备的是（　　）。

A. 交易性金融资产　　B. 持有至到期投资

C. 应收款项　　D. 可供出售权益工具

二、多项选择题

1. 下列各项中，属于金融资产的有(　　)。

A. 库存现金　　B. 持有的其他单位的权益工具

C. 持有的其他单位的债务工具　　D. 从其他单位收取现金的合同权利

2. 下列各项中，属于按照《企业会计准则第 22 号——金融工具确认和计量》准则规范的金融资产有(　　)。

A. 持有至到期的国债　　B. 发行的债券

C. 应收股利　　D. 对子公司的股权投资

3. 下列各项中，不应计入交易性金融资产入账价值的有(　　)。

A. 支付的手续费

B. 支付的印花税

C. 取得时交易性金融资产的公允价值

D. 已宣告但尚未发放的现金股利

4. 企业持有至到期投资的特点包括(　　)。

A. 有能力持有至到期

B. 发生市场利率变化、流动性需要变化等情况时，将出售该金融资产

C. 有明确意图持有至到期

D. 到期日固定、回收金额固定或可确定

5. 下列各项中，应作为持有至到期投资取得时初始成本入账的有（　　）。

A. 投资时支付的税金

B. 投资时支付的手续费

C. 投资时支付款项中所含的已到付息期但尚未领取的利息

D. 投资时支付的不含应收利息的价款

6. 下列可供出售金融资产的表述中，正确的有(　　)。

A. 可供出售债务工具发生的减值损失应计入当期损益

B. 可供出售权益工具发生的减值损失应计入所有者权益

C. 取得可供出售金融资产发生的交易费用应直接计入当期损益

D. 处置可供出售金融资产时，以前期间因公允价值变动计入资本公积的金额应转入投资收益

7. 下列有关可供出售金融资产会计处理的表述中，正确的有（ ）。

A. 可供出售金融资产发生的减值损失应计入所有者权益

B. 以外币计价的可供出售货币性金融资产发生的汇兑差额应计入当期损益

C. 可供出售金融资产持有期间取得的现金股利应冲减资产成本

D. 取得可供出售金融资产发生的交易费用应计入初始确认金额

8. 下列各项中，应计入当期损益的事项有（ ）。

A. 交易性金融资产在持有期间获得的债券利息

B. 交易性金融资产在资产负债表日的公允价值小于账面价值的差额

C. 持有至到期债券投资发生的减值损失

D. 可供出售债务工具在资产负债表日的公允价值大于账面价值的差额

9. 可供出售金融资产在发生减值时，可能涉及的会计科目有（ ）。

A. 资产减值损失

B. 公允价值变动损益

C. 可供出售金融资产——公允价值变动

D. 资本公积——其他资本公积

10. 下列金融资产中，应按摊余成本进行后续计量的有（ ）。

A. 交易性金融资产 B. 持有至到期投资

C. 可供出售债务工具 D. 贷款

三、判断题

1. 取得交易性金融资产时支付的交易费用，应计入交易性金融资产的初始入账成本。（ ）

2. 交易性金融资产持有期间被投资单位宣告发放的现金股利，或在资产负债表日按分期付息、一次还本债券投资的票面利率计算的利息，应该冲减交易性金融资产的成本。（ ）

3. 交易性金融资产和可供出售金融资产的相同点是都按公允价值进行后续计量，且公允价值变动计入当期损益。（ ）

4. 收到购买交易性金融资产时支付的价款中包含的已到付息期但尚未领取的利息，应计入当期损益。（ ）

5. 企业取得的持有至到期投资，应按该投资的公允价值加上支付的交易费用，借记“持有至到期投资——成本”科目。（ ）

6. 处置持有至到期投资时，应将实际收到的金额与其账面价值的差额计入公允价值变动损益。（ ）

7. 资产负债表日，可供出售金融资产的公允价值低于其账面余额时，应计提可供出售金融资产减值准备。（ ）

8. 会计期期末，如果交易性金融资产的成本高于市价，应该计提交易性金融资产跌价准备。（ ）

四、业务题

1. 某股份有限公司 2013 年有关交易性金融资产的资料如下：

（1）3 月 9 日以银行存款购入大华公司股票 10 000 股，并准备随时变现，每股买价 16 元，同时支付相关税费 1 000 元。

（2）4 月 20 日大华公司宣告发放的现金股利每股 0.4 元。

（3）4 月 21 日又购入大华公司股票 50 000 股，并准备随时变现，每股买价 18.4 元（其中包含已宣告发放尚未支取的股利每股 0.4 元），同时支付相关税费 6 000 元。

（4）4 月 25 日收到大华公司发放的现金股利 20 000 元。

（5）6 月 30 日大华公司股票市价为每股 16.4 元。

（6）7 月 18 日该公司以每股 17.5 元的价格转让大华公司股票 30 000 股，扣除相关税费 10 000 元，实得金额为 515 000 元。

（7）12 月 31 日大华公司股票市价为每股 18 元。

要求：根据上述经济业务编制有关会计分录。

2. 甲企业系上市公司，按季对外提供中期财务报表，按季计提利息。2013 年有关业务如下：

（1）1 月 5 日甲企业以赚取差价为目的从二级市场购入一批债券作为交易性金融资产，面值总额为 2 000 万元，票面利率为 6%，3 年期，每半年付息一次，该债券发行日为 2012 年 1 月 1 日。取得时支付的价款为 2 060 万元，含已到付息期但尚未领取的 2012 年下半年的利息 60 万元，另支付交易费用 40 万元，全部价款以银行存款支付。

（2）1 月 15 日，收到 2012 年下半年的利息 60 万元。

（3）3 月 31 日，该债券公允价值为 2 200 万元。

（4）3 月 31 日，按债券票面利率计算利息。

（5）6 月 30 日，该债券公允价值为 1 960 万元。

（6）6 月 30 日，按债券票面利率计算利息。

（7）7 月 15 日，收到 2013 年上半年的利息 60 万元。

（8）8 月 15 日，将该债券全部处置，实际收到价款 2 400 万元。

要求：根据以上业务编制有关交易性金融资产的会计分录。

3. 2012 年 1 月 1 日，M 公司从活跃市场购买了一项 N 公司债券，年限 3 年，划分为持有至到期投资，债券的本金为 1 100 万元，公允价值为 1 010 万元（含交易费用为 10 万元），到期还本、分期付息，每年 1 月 5 日按照票面利率 3% 支付利息。合同约定债券发行方 N 公司在遇到特定情况下可以将债券赎回，且不需要为赎回支付额外款项。M 公司在购买时预计发行方不会提前赎回。假定实际利率是 6%。

要求：编制 M 公司的相关会计分录。（计算结果保留两位小数）

4. 甲公司 2013 年 1 月 1 日购入某公司于当日发行的三年期债券，作为持有至到期投资。该债券票面金额为 100 万元，票面利率为 10%，M 公司实际支付 106 万元。该债券每年年末付息一次，最后一年归还本金并支付最后一次利息，假设 M 公司按年计算利息。实际利率为 7. 688 9%。

要求：做出相关的会计处理。

5. 2012 年 5 月 1 日，大河公司以 480 万元购入大海公司股票 60 万股作为可供出售金融资产，另支付手续费 10 万元，2012 年 6 月 30 日该股票每股市价为 7. 5 元，2012 年 8 月 10 日，大海公司宣告分派现金股利，每股 0. 20 元，8 月 20 日大河公司收到分派的现金股利。至 12 月 31 日，大河公司仍持有该可供出售金融资产，期末每股市价为 8. 5 元，2013 年 1 月 3 日以 515 万元出售该可供出售金融资产。假定大河公司每年 6 月 30 日和 12 月 31 日对外提供财务报告。

要求：

（1）编制上述经济业务的会计分录。

（2）计算该可供出售金融资产的累计损益。

6. 甲股份有限公司有关投资资料如下：

（1）2011 年 2 月 5 日，甲公司以银行存款从二级市场购入乙公司股票100 000 股，划分为可供出售金融资产，每股买价 12 元，同时支付相关税费10 000元。

（2）2011 年 4 月 10 日，乙公司宣告发放上年现金股利，每股 0. 5 元。

（3）2011 年 4 月 20 日，收到乙公司发放的上年现金股利 50 000 元。

（4）2011 年 12 月 31 日，乙公司股票市价为每股 11 元，甲公司预计该股票价格下跌是暂时的。

（5）2012 年 12 月 31 日，因公司经营不善，乙公司股票市价下跌为每股 9. 5 元，预计还将继续下跌。

（6）2013 年 12 月 31 日，乙公司股票市价为每股 11. 5 元。

要求：根据上述经济业务编制有关会计分录。

第八章 长期股权投资

一、单项选择题

1. 甲公司出资1 000万元，取得了乙公司80%的控股权，假如购买股权时乙公司的账面净资产价值为1 200万元，甲、乙公司合并前后同受一方控制，则甲公司确认的长期股权投资成本为(　　)万元。

A. 1 000　　B. 1 500　　C. 800　　D. 960

2. 甲、乙两家公司属于非同一控制下的独立公司。甲公司于2013年7月1日以本企业的固定资产对乙公司投资，取得乙公司60%的股份。该固定资产原值1 500万元，已计提折旧400万元，已提取减值准备50万元，7月1日该固定资产公允价值为1 250万元。乙公司2013年7月1日所有者权益为2 000万元。甲公司该项长期股权投资的成本为(　　)万元。

A. 1 500　　B. 1 050　　C. 1 200　　D. 1 250

3. 根据《企业会计准则第2号——长期股权投资》的规定，长期股权投资采用权益法核算时，初始投资成本大于应享有被投资单位可辨认资产公允价值份额之间的差额，正确的会计处理是(　　)。

A. 计入投资收益　　B. 冲减资本公积

C. 计入营业外支出　　D. 不调整初始投资成本

4. 甲、乙两家公司同为丙公司的子公司。甲公司于2013年3月1日以发行股票方式自乙公司的股东处取得乙公司60%的股份。甲公司发行3 000万股普通股股票，该股票每股面值为1元。乙公司在2013年3月1日所有者权益为4 000万元，甲公司在2013年3月1日资本公积为360万元，盈余公积为200万元，未分配利润为400万元。甲公司该项长期股权投资的初始投资成本为(　　)万元。

A. 2 400　　B. 3 000　　C. 3 640　　D. 960

5. 企业以发行权益性证券取得的长期股权投资，不构成企业合并的情况下，应当按照发行权益性证券的（　　）作为初始投资成本。

A. 账面价值　　B. 公允价值

C. 支付的相关税费　　　　　　D. 市场价格

6. 投资者投入的长期股权投资，如果合同或协议约定价值不公允，应当按照(　　)作为初始投资成本。

A. 投资合同或协议约定的价值　　B. 账面价值

C. 公允价值　　　　　　　　　　D. 账面余额

7. 根据《企业会计准则第2号——长期股权投资》的规定，长期股权投资采用权益法核算时，下列各项最终不会引起长期股权投资账面价值变动的是(　　)。

A. 被投资单位持有的可供出售权益工具的公允价值上升

B. 被投资单位发生净亏损

C. 被投资单位计提盈余公积

D. 被投资单位宣告发放现金股利

8. A公司以2 200万元取得B公司30%的股权，能对B公司施加重大影响，取得投资时被投资单位可辨认净资产的公允价值为8 000万元。不考虑其他因素，则A公司该长期股权投资的账面价值为(　　)万元。

A. 2 200　　B. 2 400　　C. 8 000　　D. 5 800

9. A公司和B公司不存在关联方关系。A公司采用控股合并方式合并B公司，为进行该项企业合并，A公司定向发行了5 000万股普通股（每股面值1元，公允价值每股6元）作为对价。购买日，B公司可辨认净资产账面价值为9 000万元，公允价值为15 000万元。此外A公司发生评估咨询费用10万元，股票发行费用30万元，均以银行存款支付。A公司购买日的合并成本为(　　)万元。

A. 30 010　　B. 30 040　　C. 8 800　　D. 5 600

10. 长期股权投资采用权益法核算时，长期股权投资的初始投资成本小于投资时应享有被投资单位可辨认净资产公允价值份额的，应按其差额，借记“长期股权投资——成本”科目，贷记（　　）科目。

A. 投资收益　　　　B. 资本公积——其他资本公积

C. 营业外收入　　　D. 长期股权投资——其他权益变动

11. 长期股权投资采用权益法核算时，在持股比例不变的情况下，被投资单位除净损益以外所有者权益的增加，企业按持股比例计算应享有的份额，借记的科目是（　　）。

A. 长期股权投资——股权投资准备　B. 资本公积——其他资本公积

C. 长期股权投资——损益调整　　　D. 长期股权投资——其他权益变动

12. 甲企业以公允价值为14 000万元、账面价值为10 000万元的固定资产一批作为对价对乙企业进行控股合并，持股比例为80%。购买日乙企业净资产账面价值为7 000万元，公允价值为11 000万元。此外甲企业发生评估咨询费用20万元。甲企业和乙企业不存在关联方关系。甲企业购买日的合并成本为(　　)万元。

A. 14 000　　B. 14 020　　C. 8 800　　D. 5 600

13. 出售采用权益法核算的长期股权投资时，按处置长期股权投资的投资成本比例结转原计入资本公积的金额，转入的会计科目是（　　）。

A. 资本公积　　B. 长期股权投资——投资成本

C. 投资收益　　D. 资本公积——其他资本公积

14. 在同一控制下的企业合并中，合并方取得的净资产账面价值与支付的合并对价账面价值（或发行股份面值总额）的差额，正确的会计处理应当是(　　)。

A. 确认为商誉　　B. 调整资本公积

C. 计入营业外收入　　D. 计入营业外支出

15. 甲公司以定向增发股票的方式购买集团内另一企业持有的A公司80%的股权，为取得该股权，甲公司增发了2 000万股的普通股，每股面值1元，每股公允价值5元，支付承销商佣金50万元，取得该股权时A公司净资产的账面价值为9 000万元，公允价值为12 000万元，假定甲公司和A公司采用的会计政策相同，甲公司取得该股权时应确认的资本公积为(　　)万元。

A. 5 150　　B. 7 550　　C. 5 200　　D. 7 600

16. A、B两家公司属于非同一控制下的独立公司。A公司于2013年7月1日以本企业的固定资产对B公司投资，取得B公司60%的股份。该固定资产原值1 500万元，已计提折旧400万元，已提取减值准备50万元，7月1日该固定资产公允价值为1 250万元。B公司2013年7月1日所有者权益为2 000万元。A公司由于该项投资计入当期损益的金额为(　　)万元。

A. 250　　B. 50　　C. 200　　D. 500

17. M公司2008年年初按投资份额出资680万元对N公司进行长期股权投资，占N公司股权比例的30%。当年N公司亏损800万元；2009年N公司亏损2 000万元；2010年N公司实现净利润600万元（假定这些利润、亏损金额与投资方认定的金额相同，不需要再进行调整）。2010年M公司计入投资收益的金额为（　　）万元。

A. 48　　B. 32　　C. 20　　D. 0

18. 甲公司和乙公司同为戊集团的子公司，2009年1月1日，甲公司以银行存款1 620万元取得乙公司所有者权益的80%，同日乙公司所有者权益的账面价值为 2 000 万元，可辨认净资产公允价值为 2 200 万元。不考虑其他因素，则 2009 年 1 月 1 日，甲公司应确认的资本公积为(　　)万元。

A. 20（借方）　B. 20（贷方）　C. 140（借方）　D. 140（贷方）

19. A 公司以 2 200 万元取得 B 公司 30% 的股权，能对 B 公司施加重大影响，取得投资时被投资单位可辨认净资产的公允价值为 8 000 万元。不考虑其他因素，则 A 公司该长期股权投资的账面价值为(　　)万元。

A. 2 200　B. 2 400　C. 8 000　D. 5 800

20. 某投资企业于 20×8 年 1 月 1 日取得联营企业 30% 的股权，取得投资时被投资单位的固定资产公允价值为 1 000 万元，账面价值为 1 500 万元，固定资产的预计使用年限为 10 年，净残值为零，按照直线法计提折旧。被投资单位 20×8年度利润表中净利润为 500 万元。被投资单位当期利润表中已按其账面价值计算扣除的固定资产折旧费用为 150 万元，按照取得投资时点上固定资产的公允价值计算确定的折旧费用为 100 万元，假定不考虑所得税影响，那么 20×8 年年末投资方应确认投资收益为(　　)万元。

A. 165　B. 550　C. 150　D. 100

二、多项选择题

1. 对于同一控制下的企业合并，合并方以发行权益性证券作为合并对价的，下列说法中不正确的有(　　)。

A. 应当在合并日按照取得被合并方所有者权益公允价值的份额作为长期股权投资的初始投资成本，按照发行股份的面值总额作为股本

B. 应当在合并日按照取得被合并方可辨认净资产公允价值的份额作为长期股权投资的初始投资成本，按照发行股份的面值总额作为股本

C. 应当在合并日按照取得被合并方所有者权益账面价值的份额作为长期股权投资的初始投资成本，按照发行股份的面值总额作为股本

D. 应当在合并日按照取得被合并方所有者权益账面价值的份额作为长期股权投资的初始投资成本，按照发行股份的面值总额作为股本，长期股权投资初始投资成本与所发行股份面值总额之间的差额，应当计入当期损益

2. 长期股权投资成本法的适用范围包括（　　）。

A. 投资企业能够对被投资企业实施控制的长期股权投资

B. 投资企业对被投资企业具有共同控制的长期股权投资

C. 投资企业对被投资企业不具有共同控制或重大影响，并且在活跃市场中没有报价、公允价值不能可靠计量的长期股权投资

D. 投资企业对被投资企业不具有共同控制或重大影响，但在活跃市场中有

报价、公允价值能够可靠计量的长期股权投资

3. 下列情形，形成控制关系的有(　　)。

A. 投资单位直接拥有被投资单位50%以上的表决权资本

B. 投资单位直接拥有被投资单位50%的表决权资本

C. 投资单位直接拥有被投资单位30%的表决权资本，且投资单位与其他投资者（享有25%股份）达成协议，代表其他投资者行使在被投资单位的权益

D. 投资单位有权任免被投资单位董事会等类似权利机构的多数成员

4. 以下应判断为同一控制下企业合并的有（　　）。

A. 企业集团内某子公司在企业合并中取得另一子公司全部净资产并注销被合并方的法人资格

B. 企业集团内某子公司自另一子公司处取得对某一孙公司的控制权

C. 母公司将其持有的对子公司的部分股权用于交换对集团以外某企业的控制权

D. 母公司将其持有的对某一子公司的控制权出售给另一子公司

5. 在同一控制下的企业合并中，合并方取得的净资产账面价值与支付的合并对价账面价值（或发行股份面值总额）的差额，可能调整(　　)。

A. 盈余公积　　B. 资本公积　　C. 营业外收入　　D. 投资收益

6. 在非企业合并情况下，下列各项中构成长期股权投资初始投资成本的有(　　)。

A. 投资时支付的不含应收股利的价款

B. 为取得长期股权投资而发生的评估、审计、咨询费

C. 投资时支付的税金及其他必要支出

D. 投资时支付款项中所含的已宣告而尚未领取的现金股利

7. 根据《企业会计准则第 2 号——长期股权投资》的规定，长期股权投资采用成本法核算时，下列各项可能会引起长期股权投资账面价值变动的有(　　)。

A. 追加投资　　B. 减少投资

C. 被投资企业实现净利润　　D. 被投资企业宣告发放现金股利

8. 下列长期股权投资中，应采用成本法核算的有(　　)。

A. 投资企业对子公司的长期股权投资

B. 投资企业对合营企业的长期股权投资

C. 投资企业对联营企业的长期股权投资

D. 投资企业对被投资单位不具有重大影响，并且在活跃市场中没有报价、公允价值不能可靠计量的长期股权投资

9. 长期股权投资权益法的适用范围包括(　　)。

A. 投资企业能够对被投资企业实施控制的长期股权投资

B. 投资企业对被投资企业具有共同控制的长期股权投资

C. 投资企业对被投资企业不具有共同控制或重大影响，并且在活跃市场中没有报价、公允价值不能可靠计量的长期股权投资

D. 投资企业对被投资企业具有重大影响的长期股权投资

10. 对长期股权投资采用权益法核算时，当被投资企业发生下列事项(　　)，投资企业应该调整长期股权投资账面价值。

A. 实现净利润　　B. 宣告分配现金股利

C. 购买固定资产　　D. 计提盈余公积

11. 下列各项中，可能构成长期股权投资初始投资成本的有(　　)。

A. 非企业合并方式下取得长期股权投资发生的直接相关费用

B. 非同一控制下企业合并形成的长期股权投资发生的审计费

C. 非同一控制下企业合并形成的长期股权投资，以溢价发行权益性证券作为对价发生的手续费

D. 非同一控制下企业合并取得长期股权投资而作为对价的权益性证券的公允价值

12. 企业处置长期股权投资时，正确的处理方法有(　　)。

A. 处置长期股权投资，其账面价值与实际取得价款的差额，应当计入投资收益

B. 处置长期股权投资，其账面价值与实际取得价款的差额，应当计入营业外收入

C. 采用权益法核算的长期股权投资，因被投资单位除净损益以外所有者权益的其他变动而计入所有者权益的，处置该项投资时应当将原计入所有者权益的部分按相应比例转入投资收益

D. 采用权益法核算的长期股权投资，因被投资单位除净损益以外所有者权益的其他变动而计入所有者权益的，处置该项投资时应当将原计入所有者权益的部分全部转入营业外收入

三、判断题

1. 企业对子公司的长期股权投资应采用权益法核算。(　　)

2. 投资企业对被投资单位具有共同控制，若被投资单位的股票在活跃市场上有报价，则该投资不能按长期股权投资准则进行核算。(　　)

3. A 公司购入 B 公司 5% 的股份，买价 161 000 元，其中含有已宣告但尚未

领取的现金股利 4 000 元。那么 A 公司取得长期股权投资的成本为 161 000 元。（ ）

4. 长期股权投资采用成本法核算的，应按被投资单位宣告发放的现金股利或利润中属于本企业的部分，借记"应收股利"科目，贷记"投资收益"科目；属于被投资单位在本企业取得投资前实现净利润的分配额，应该借记"应收股利"科目，贷记"资本公积"科目。（ ）

5. 采用权益法核算的长期股权投资的初始投资成本大于投资时应享有被投资单位可辨认净资产公允价值份额的，其差额不调整长期股权投资的成本。（ ）

6. 在成本法下，当被投资企业发生盈亏时，投资企业并不做账务处理；当被投资企业宣告分配现金股利时，投资方应将分得的现金股利确认为投资收益。（ ）

7. 合并方在企业合并中取得被合并方 100% 的股权，不一定属于吸收合并。（ ）

8. 企业合并是指将两个或者两个以上单独的企业合并形成一个报告主体的交易或事项。（ ）

9. 同一控制下的企业合并形成的长期股权投资，合并方以转让非现金资产作为合并对价的，应当以转让的非现金资产的公允价值作为长期股权投资的初始投资成本。（ ）

四、业务题

1. 甲公司和乙公司同为 A 集团的子公司，2013 年 5 月 1 日，甲公司以银行存款 600 万元取得乙公司 70% 的表决权资本，合并日乙公司所有者权益的账面价值为 1 000 万元，合并日乙公司所有者权益的公允价值为 1 500 万元。

要求：做出甲公司上述股权投资的会计处理。（金额单位为万元）

2. A 集团内一子公司 AB 公司以账面原值 2 800 万元、已计提折旧 800 万元、公允价值 3 000 万元的若干项固定资产作为合并对价，取得同一集团内另外一家子公司 AC 公司 60% 的股权。合并日 AC 公司的账面所有者权益总额为 1 500 万元。合并日 AB 公司账面所有者权益总额为 3 600 万元，其中股本2 200万元、资本公积（股本溢价）800 万元、资本公积（其他资本公积）100 万元、盈余公积 500 万元、未分配利润 0 万元。

要求：做出 AB 公司上述股权投资的会计处理。

3. 2011 年 1 月 1 日，A 公司与 B 公司进行非同一控制下的企业合并，A 公司以银行存款 1 000 万元取得 B 公司 80% 的股份。B 公司所有者权益的账面价值为1 400万元，可辨认净资产公允价值为1 200万元。2011年5月2日，B公司宣告分配2010年度现金股利200万元，2011年5月10日，B公司实际发放现金股利，2011年度B公司实现利润400万元。2012年5月2日，B公司宣告分配现金股利600万元，2012年度B公司实现利润600万元，2012年5月10日，B公司实际发放现金股利。2013年5月2日，B公司宣告分配现金股利400万元，2013年5月10日，B公司实际发放现金股利。

要求：做出A公司上述股权投资的会计处理。（金额单位为万元）

4. 2013年1月1日，甲上市公司以其库存商品对乙企业投资，投出商品的成本为360万元，公允价值和计税价格均为400万元，增值税税率为17%（不考虑其他税费）。甲上市公司对乙企业的投资占乙企业注册资本的20%，甲上市公司采用权益法核算该项长期股权投资。2013年1月1日，乙企业所有者权益账面价值及可辨认净资产公允价值均为2 000万元。乙企业2013年实现净利润1 200万元。

要求：根据上述资料，编制甲上市公司对乙企业投资及确认投资收益的会计分录。（金额单位为万元）

5. 大华公司2012年1月2日以银行存款5 400万元对乙公司投资，占乙公司注册资本的20%，乙公司账面留存收益金额为400万元。乙公司的其他股份分别由A、B、C、D、E企业平均持有。2012年1月2日乙公司可辨认净资产公允价值为29 000万元。大华公司按权益法核算对乙公司的投资。2012年乙公司实现净利润1 600万元，2013年4月乙公司宣告分配现金股利600万元，2013年乙公司发生净亏损200万元。

要求：编制大华公司的会计分录。（金额单位为万元）

第九章 流动负债

一、单项选择题

1. 按照生产工人工资的2%计提工会经费，借方应该通过(　　)科目核算。

A. 管理费用　　B. 生产成本　　C. 制造费用　　D. 销售费用

2. 甲公司为增值税一般纳税人，适用的增值税税率为17%。2007年1月甲公司董事会决定将本公司生产的500件产品作为福利发放给公司管理人员，该批产品单件成本为1.2万元，市场销售价格为每件2万元（不含增值税），不考虑其他相关税费，甲公司在2007年因该项业务应计入管理费用的金额为(　　)万元。

A. 600　　B. 770　　C. 1 000　　D. 1 170

3. 企业在生产经营期间的资产负债表日，按合同利率计算的短期借款利息费用的会计处理正确的是(　　)。

A. 借记“财务费用”科目，贷记“短期借款”科目

B. 借记“财务费用”科目，贷记“其他应付款”科目

C. 借记“财务费用”科目，贷记“应付利息”科目

D. 借记“短期借款”科目，贷记“应付利息”科目

4. 根据规定，预收货款业务不多的企业，可以不设置“预收账款”科目，其所发生的预收货款，可以通过(　　)核算。

A. “应收账款”科目借方　　B. “应付账款”科目借方

C. “应收账款”科目贷方　　D. “应付账款”科目贷方

5. 企业发生赊购商品业务，下列各项中不影响应付账款入账金额的是(　　)。

A. 商品价款　　B. 增值税进项税额

C. 现金折扣　　D. 销货方代垫运杂费

6. 宏达公司为高管租赁公寓免费使用，按月以银行存款支付，应编制的会计分录是(　　)。

A. 借记“管理费用”科目，贷记“银行存款”科目

B. 借记“管理费用”科目，贷记“应付职工薪酬”科目

C. 借记“管理费用”科目，贷记“应付职工薪酬”科目；同时借记“应付职工薪酬”科目，贷记“银行存款”科目

D. 借记“资本公积”科目，贷记“银行存款”科目；同时借记“应付职工薪酬”科目，贷记“资本公积”科目

7. 甲企业为建造仓库而购进的工程物资负担的增值税额应当计入(　　)。

A. 应交税费——应交增值税　　B. 工程物资

C. 营业外支出　　D. 管理费用

8. 宏达公司为增值税一般纳税人，2013 年应交各种税金为：增值税 350 万元，消费税 150 万元，城市维护建设税 35 万元，车船税 5 万元，房产税 10 万元，所得税 250 万元。上述各项税金应计入管理费用的金额为(　　)万元。

A. 5　　B. 15　　C. 50　　D. 185

9. 假设企业每月月末计提利息，每季度末收到银行寄来的短期借款利息付款通知单时，应贷记的科目是(　　)。

A. 库存现金　　B. 银行存款　　C. 财务费用　　D. 应付利息

10. 某企业出售一栋长期自用房屋，应交的营业税应借记的会计科目是(　　)。

A. 营业外支出　B. 固定资产清理　C. 营业税金及附加　D. 应交税费

11. 企业从应付职工工资中代扣的职工房租，应借记的会计科目是(　　)。

A. 应付职工薪酬　　B. 银行存款

C. 其他应收款　　D. 其他应付款

12. 下列项目中，不属于职工薪酬的是(　　)。

A. 辞退福利　　B. 职工福利费

C. 医疗保险费　　D. 职工出差报销的飞机票

二、多项选择题

1. 下列各项中，应纳入职工薪酬核算的有(　　)。

A. 工会经费　　B. 职工养老保险费

C. 职工住房公积金　　D. 辞退职工经济补偿

2. 下列项目中，属于职工薪酬的有(　　)。

A. 职工出差报销的飞机票　　B. 非货币性福利

C. 职工津贴和补贴　　D. 因解除与职工的劳动关系给予的补偿

3. A 公司管理层 2008 年 11 月 1 日决定停产某车间的生产任务，提出职工没有选择权的辞退计划，规定拟辞退生产工人 200 人、总部管理人员 10 人，并于

2009年12月31日执行。已经通知本人，并经董事会批准，辞退补偿为生产工人每人2万元、总部管理人员每人50万元。2008年正确的会计处理方法有(　　)。

A. 借记“生产成本”科目400万元

B. 借记“管理费用”科目500万元

C. 借记“管理费用”科目900万元

D. 贷记“应付职工薪酬”科目900万元

4. 关于非货币性职工薪酬，说法不正确的有(　　)。

A. 难以认定受益对象的非货币性福利，直接计入当期损益和应付职工薪酬

B. 企业将拥有的房屋等资产无偿提供给职工使用的，应当根据受益对象，按照该住房的公允价值计入相关资产成本或当期损益，同时确认应付职工薪酬

C. 企业租赁住房等资产供职工无偿使用的，应当根据受益对象，将每期应付的租金计入相关资产成本或当期损益，并确认应付职工薪酬

D. 企业以其自产产品作为非货币性福利发放给职工的，应当根据受益对象，按照产品的账面价值，计入相关资产成本或当期损益，同时确认应付职工薪酬

5. 企业应当在职工为其提供服务的会计期间，将应付的职工薪酬（不包括辞退福利）确认为负债，并根据职工提供服务的收益对象，分下列情况处理(　　)。

A. 应由生产产品、提供劳务负担的职工薪酬，计入产品成本或劳务成本

B. 应由在建工程、无形资产开发成本负担的职工薪酬，计入建造固定资产或无形资产的开发成本

C. AB两项之外的其他职工薪酬，计入当期损益

D. 企业应当严格按照辞退计划条款的规定，合理预计并确认辞退福利产生的应付职工薪酬，并确认

6. 在下列各项中，属于流动负债的有(　　)。

A. 预收账款　　　　B. 其他应付款

C. 预付账款　　　　D. 一年内到期的非流动负债

7. 在下列各项中，应通过“其他应付款”科目核算的有(　　)。

A. 应付的租入包装物租金　　　　B. 应交的教育费附加

C. 应付的客户存入保证金　　　　D. 应付的经营租入固定资产租金

8. 下列经济业务对于一般纳税企业而言要计算增值税销项税额的有(　　)。

A. 将自产产品用于集体福利设施建设

B. 将自产产品对外捐赠

C. 原材料发生自然灾害损失

D. 以自产产品对外投资

三、判断题

1. 职工薪酬是指为获得职工提供的服务而给予各种形式的报酬和其他相关的支出，包括提供给职工的全部货币性薪酬和非货币性福利。(　)

2. 企业只有在对外销售消费税应税产品时才应缴纳消费税。(　)

3. 企业为职工缴纳的基本养老保险金、补充养老保险费以及为职工购买的商业养老保险，均属于企业提供的职工薪酬。(　)

4. 应付职工未按期领取的工资应该通过“其他应付款”科目核算。(　)

5. 应付账款附有现金折扣的，应按照扣除现金折扣前的应付账款总额入账。因在折扣期限内付款而获得的现金折扣，应在偿付应付账款时冲减财务费用。(　)

6. 根据规定，预收账款不多的企业，可以不设置“预收账款”科目。企业预收客户货款时，直接将其计入“应收账款”科目的借方。(　)

四、业务题

1. A 公司 2013 年 7 月有关职工薪酬业务如下：

(1) 按照工资总额的标准分配工资费用，其中生产工人工资为 100 万元，车间管理人员工资为20 万元，总部管理人员工资为30 万元，专设销售部门人员工资为10 万元，在建工程人员工资为5 万元，内部开发人员工资为35 万元（符合资本化条件）。

(2) 按照所在地政府规定，按照工资总额的 10%、12%、2% 和 10.5% 计提医疗保险费、养老保险费、失业保险费和住房公积金。

(3) 按照工资总额的 2% 和 2.5% 计提工会经费和职工教育经费。

要求：编制甲公司 2013 年 7 月上述交易或事项的会计分录。

2. B 公司 2013 年 12 月有关职工薪酬业务如下：

(1) 为总部部门经理级别以上职工每人提供一辆汽车免费使用，该公司总部共有部门经理以上职工 10 名，假定每辆汽车每月计提折旧 0.2 万元。

(2) 该公司为 6 名副总裁以上高级管理人员每人租赁一套公寓免费使用，每套月租金为 2 万元，按月以银行存款支付。

要求：编制 B 公司相关的账务处理。

3. 2013 年6 月，丙公司当月应发工资 1 000 万元，其中：生产部门直接生产工人工资 500 万元；生产部门管理人员工资 100 万元；公司管理人员工资 180 万元；公司专设销售机构人员工资50万元；建造厂房人员工资110万元；内部开发存货管理系统人员工资60万元。

要求：编制该公司2013年6月分配职工薪酬的会计分录。

4. 乙公司为一家生产彩电的企业，共有职工200名，2013年2月，公司以其生产的成本为10 000元的液晶彩电和外购的每台不含税价格为1 000元的电暖气作为春节福利发给公司每名职工。该型号液晶彩电的售价为每台14 000元，乙公司适用的增值税税率为17%，乙公司以银行存款支付了购买电暖气的价款和税款。假定200名职工中170名为直接参加生产的职工，30名为总部管理人员。

要求：编制乙公司2013年2月上述交易或事项的会计分录。

5. 甲公司是一家电脑生产型企业，有职工200名，其中一线生产工人170名，总部管理人员30名。2013年2月，甲公司决定以其外购的一批液晶显示器作为福利发放给职工，该批显示器单位购买成本为10 000元，单位计税价格（公允价值）为14 000元，适用的增值税税率为17%。

要求：编制甲公司的相关账务处理。

6. 宏达公司为增值税一般纳税人，适用的增值税税率为17%。2013年8月的交易或事项如下：

（1）对行政管理部门使用的设备进行日常维修，应付企业内部维修人员工资6万元。

（2）为公司总部下属25位部门经理每人配备汽车一辆免费使用，假定每辆汽车每月计提折旧0.4万元。

（3）月末，分配职工工资850万元，其中直接生产产品人员工资625万元，车间管理人员工资75万元，企业行政管理人员工资100万元，专设销售机构人员工资50万元。

（4）将本公司生产的液晶电视作为福利发放给职工，其中生产工人100名，行政、管理人员20名，销售人员50名。每台电视的市场销售价格为1万元，实际成本为0.7万元。

（5）按规定计算代扣代交职工个人所得税4万元。

（6）以现金支付职工王某生活困难补助5万元。

（7）从应付王经理的工资中，扣回上月代垫的应由其本人负担的医疗费4万元。

要求：编制甲公司2013年8月上述交易或事项（1）～（7）的会计分录。（“应交税费”科目要求写出明细科目和专栏名称，答案中的金额单位用万元表示）

第十章 长期负债

一、单项选择题

1. 下列属于长期负债的项目是(　　)。

A. 应付债券　　B. 应付票据　　C. 应付利润　　D. 应付账款

2. 下列项目中，不属于借款费用的是(　　)。

A. 借款手续费　　B. 借款佣金

C. 发行公司债券的佣金　　D. 发行公司股票的佣金

3. 长期借款利息的计算和支付，应通过以下科目核算(　　)。

A. 应付利息　　B. 其他应付款　　C. 长期应付款　　D. 长期借款

4. 就发行债券的企业而言，所获债券溢价收入实质是(　　)。

A. 为以后少付利息而付出的代价　　B. 为以后多付利息而得到的补偿

C. 为以后少得利息而得到的补偿　　D. 为以后多得利息而付出的代价

5. 某企业发行债券所筹资金专门用于建造固定资产，至 2013 年 12 月 31 日工程尚未完工。计提本年应付债券利息时应计入以下科目(　　)。

A. 固定资产　　B. 在建工程　　C. 管理费用　　D. 财务费用

6. 实际利率法以各期期初债券账面价值乘以以下项目，得出每期的应负担利息。(　　)

A. 票面利率　　B. 贴现利率　　C. 市场利率　　D. 折价利率

7. 某股份有限公司于 2011 年 1 月 1 日发行 3 年期、每年 1 月 1 日付息、到期一次还本的公司债券，债券面值为 100 万元，票面年利率为 5%，实际利率为 4%，发行价格为 105 万元。按实际利率法确认利息费用。该债券 2013 年度确认的利息费用为(　　)万元。

A. 1. 63　　B. 2　　C. 1. 08　　D. 2. 03

8. A 公司 2012 年 1 月 1 日发行 3 年期面值为 7 500 万元的债券，票面利率为 6%，公司按 7 916 万元的价格出售，实际利率为 4%，如果公司每年计息一次并按实际利率法摊销，A 公司在 2013 年 12 月 31 日确认利息费用为(　　)万元。

A. 321. 97　　B. 311. 31　　C. 133. 36　　D. 234

9. 甲公司于2012年1月1日发行5年期、一次还本、分期付息的公司债券，每年12月31日支付利息。该公司债券票面利率为5%，面值总额为300 000万元，发行价格总额为313 347万元；支付发行费用120万元，发行期间冻结资金利息150万元。假定该公司每年年末采用实际利率法摊销债券溢折价，实际利率为4%。2013年12月31日该应付债券的账面余额为(　　)万元。

A. 308 008. 2　　B. 308 026. 2　　C. 308 316. 12　　D. 308 348. 56

二、多项选择题

1. 企业的下列筹资方式中，属于长期负债的包括(　　)。

A. 发行3年期的公司债券　　B. 发行9个月的公司债券

C. 向银行借入2年期的借款　　D. 融资租入固定资产的租赁费

E. 发行普通股票

2. “长期借款”科目的借方反映的内容有(　　)。

A. 借入的长期借款本金　　B. 应计的长期借款利息

C. 偿还的长期借款本金　　D. 偿还的长期借款利息

E. 偿还的应付债券利息

3. 企业债券发行价格的高低取决于(　　)。

A. 债券票面金额　　B. 债券票面利率

C. 发行时的市场利率　　D. 债券期限的长短

E. 政府政策

4. 公司发行的债券作为一种书面凭证，其要素有(　　)。

A. 债券面值　　B. 债券利率　　C. 市场利率　　D. 付息日

E. 到期日

5. 企业发行长期债券，应在“应付债券”总账账户下设置以下明细账户进行核算。(　　)

A. “面值”　　B. “债券溢价”

C. “债券折价”　　D. “应计利息”

E. “利息调整”

6. 对于分期付息，一次还本的债券，应于资产负债表日按摊余成本和实际利率计算确定的债券利息，可能借记的会计科目有（　　）。

A. 在建工程　　B. 制造费用　　C. 财务费用　　D. 研发支出

E. 应付利息

7. 资产负债表日，有关应付债券和持有至到期投资核算方法正确的处理方法是(　　)。

A. 应按摊余成本和实际利率计算确定应付债券的利息费用

B. 应按摊余成本和实际利率计算确定持有至到期投资的利息收入

C. 对于分期付息、一次还本的应付债券，应按摊余成本和实际利率计算确定债券利息，与按票面利率计算确定的应付未付利息的差额，借记或贷记“应付债券——利息调整”科目

D. 对于分期付息、一次还本的持有至到期投资，应按摊余成本和实际利率计算确定的债券的利息收入，与按票面利率计算确定的应收利息金额的差额，借记或贷记“持有至到期投资——利息调整”科目

三、判断题

1. 长期借款用于购建固定资产时，在固定资产尚未达到预定可使用状态前所发生应当资本化的利息支出应当资本化，计入所购建的固定资产价值。(　　)

2. 无论是按面值发行，还是溢价发行或折价发行，均按债券面值计入“应付债券”科目的“面值”明细科目，实际收到的款项与面值的差额，计入“利息调整”明细科目。(　　)

3. 债券溢折价是发行债券企业在债券存续期内对利息费用的调整。(　　)

4. 用实际利率法摊销应付债券的折价时，各期折价的摊销额呈逐期递减趋势。(　　)

5. 企业发行债券所发生的相关费用，计入财务费用或在建工程，投资企业所发生的交易费用，计入投资收益。(　　)

四、业务题

1. 甲企业2013年发生下列经济业务：

(1) 1月1日向银行借入800 000元，用于某项工程，期限5年，年利率10%（实际利率与合同利率一致），合同规定到期一次还本，每年年末计提利息，1月1日实际支付。该工程从2013年年初开始，将于2013年年末完工，假设工程建造期间计提的利息费用均符合资本化条件。

(2) 经批准于4月1日按面值发行每张面值100元，票面利率为8%（实际利率与票面利率一致），期限5年的债券10 000张，该债券为到期一次还本付息债券，发行收入已收到并存入银行（不考虑发行费用）。该企业发行债券筹集资金当期全部用于某建设项目。该企业按年计提债券利息。该项目将于2015年完工，假设项目建设期间计提的利息费用均符合资本化条件。

要求：

（1）编制取得长期借款及计提2013年利息的会计分录。

（2）编制债券发行及计提2013年利息的会计分录。（应付债券要求写出明细科目，金额单位用元表示）

2. 某公司经批准于2013年1月1日发行债券10 000张，每张面值100元，票面利率10%，期限3年，每半年付息一次，发行债券当时的市场利率为8%，债券发行价格经计算为1 052 400元。债券溢折价采用实际利率法摊销。

要求：编制该企业债券发行、按期计提并支付利息、到期还本的相关会计分录。

3. 甲上市公司发行公司债券为建造专用生产线筹集资金，有关资料如下：

（1）2007年12月31日，委托证券公司以7 755万元的价格发行3年期分期付息公司债券，该债券面值为8 000万元，票面年利率为4.5%，实际年利率为5.64%，每年付息一次，到期后按面值偿还，支付的发行费用与发行期间冻结资金产生的利息收入相等。

（2）生产线建造工程采用出包方式，于2008年1月1日开始动工，发行债券所得款项当日全部支付给建造承包商，2009年12月31日所建造生产线达到预定可使用状态。

（3）假定各年度利息的实际支付日期均为下年度的1月10日，2011年1月10日支付2010年度利息，一并偿付面值。

（4）所有款项均以银行存款收付。

要求：

（1）计算甲公司该债券在各年年末的摊余成本、应付利息金额、当年应予资本化或费用化的利息金额、利息调整的本年摊销额和年末余额。

（2）分别编制甲公司与债券发行、2008年12月31日和2010年12月31日确认债券利息、2011年1月10日支付利息和面值业务相关的会计分录。（答案中的金额单位用万元表示，“应付债券”科目应列出明细科目）

第十一章 所有者权益

一、单项选择题

1. 下列各项中，会导致留存收益总额发生增减变动的是（　　）。

A. 资本公积转增资本　　B. 盈余公积补亏

C. 盈余公积转增资本　　D. 以当年净利润弥补以前年度亏损

2. 某企业年初所有者权益总额160万元，当年以其中的资本公积转增资本50万元。当年实现净利润300万元，提取盈余公积30万元，向投资者分配利润20万元。该企业年末所有者权益总额为(　　)。

A. 360万元　　B. 410万元　　C. 440万元　　D. 460万元

3. 采用权益法核算长期股权投资时，对于被投资企业因可供出售金融资产公允价值变动影响资本公积增加，期末因该事项投资企业应按所拥有的表决权资本的比例计算应享有的份额，将其计入(　　)。

A. 资本公积　　B. 投资收益　　C. 其他业务收入　　D. 营业外收入

4. 企业以盈余公积转增资本后，留存的盈余公积不得低于注册资本的(　　)。

A. 10%　　B. 20%　　C. 25%　　D. 50%

5. 下列选项中，不属于资本公积核算范围的是（　　）。

A. 以权益结算的股份支付

B. 可供出售金融资产的公允价值变动

C. 享有的被投资单位资本公积变动的份额

D. 接受非货币性资产捐赠

6. 某股份有限公司委托某证券公司代理发行普通股100 000股，每股面值1元，每股按1.1元的价格出售，按协议，证券公司收取2%的手续费，从发行收入中扣除。则该公司计入资本公积的数额为(　　)元。

A. 0　　B. 7 800　　C. 8 000　　D. 10 000

7. 某企业2007年年初未分配利润的贷方余额为200万元，本年度实现的净利润为100万元，分别按10%和5%提取法定公积金和任意公积金。假定不考虑其他因素，该企业2007年年末未分配利润的贷方余额应为（　　）万元。

A. 205　B. 255　C. 270　D. 285

8. 企业用盈余公积或资本公积转增资本(　　)。

A. 会导致所有者权益的增加

B. 会导致所有者权益的减少

C. 不会引起所有者权益总额及其结构的变化

D. 不会引起所有者权益总额的变化，但会导致其结构的变化

9. 年末进行利润结转后，以下账户中可能会存在年末余额的是（　　）。

A. “本年利润”　B. “利润分配——应付普通股股利”

C. “利润分配——未分配利润”　D. “所得税费用”

二、多项选择题

1. 下列各项，不会引起所有者权益总额发生增减变动的有（　　）。

A. 宣告发放股票股利　B. 资本公积转增资本

C. 盈余公积转增资本　D. 接受投资者追加投资

2. 企业弥补亏损的渠道有(　　)。

A. 用资本公积弥补　B. 用盈余公积弥补

C. 用以后年度税前利润弥补　D. 用以后年度税后利润弥补

3. 下列各项中，会引起负债和所有者权益同时发生变动的有（　　）。

A. 以盈余公积补亏　B. 以现金回购本公司股票

C. 宣告发放现金股利　D. 转销确实无法支付的应付账款

4. 下列各项中，不会引起留存收益变动的有（　　）。

A. 盈余公积补亏　B. 计提法定盈余公积

C. 盈余公积转增资本　D. 计提任意盈余公积

5. 股份有限公司的发起人，除货币出资外的出资方式有(　　)。

A. 以固定资产出资　B. 以无形资产出资

C. 以短期投资出资　D. 以长期股权投资出资

6. 股份公司增加股本的途径有(　　)。

A. 盈余公积转为股本

B. 资本公积转为股本

C. 发放股票股利

D. 债务重组过程中非流动负债转为股本

7. 关于“盈余公积”账户的正确描述是(　　)。

A. 属于损益类账户

B. 用来核算企业从净利润中提取的盈余公积

C. 借方登记盈余公积金的使用

D. 期末余额在借方

8. 直接计入所有者权益的利得和损失主要由哪些交易或事项引起。( )

A. 采用权益法核算的长期股权投资

B. 可供出售金融资产公允价值的变动

C. 投资性房地产的转化差额

D. 固定资产的处置损益

三、判断题

1. 企业以盈余公积向投资者分配现金股利，不会引起留存收益总额的变动。( )

2. 企业在一定期间发生亏损，则企业在这一会计期间的所有者权益一定减少。( )

3. 资本公积反映的是企业收到投资者出资额超出其在注册资本或股本中所占份额的部分及直接计入当期损益的利得和损失。( )

4. 当企业投资者投入的资本高于其注册资本时，应当将高出部分计入营业外收入。( )

5. 以资本公积转增资本能够引起企业所有者权益增加。( )

6. 企业按规定用盈余公积弥补以前年度亏损时，应按弥补数额，借记“盈余公积”科目，贷记“本年利润”科目。( )

7. 长期股权投资采用权益法核算的，在持股比例不变的情况下，被投资单位除净损益以外所有者权益的其他变动，企业按持股比例计算应享有的份额，借记或贷记“长期股权投资——其他权益变动”科目，贷记或借记“资本公积——资本溢价或股本溢价”科目。( )

8. 法定盈余公积和任意盈余公积的区别就在于各自计提的依据不同，一般情况下，法定盈余公积是每一个企业都应提取的，而任意盈余公积则由企业自行决定是否提取。至于在用途上，两者并无区别。( )

四、业务题

A 有限责任公司 2010 年发生的有关经济业务如下：

(1) 按照规定办理增资手续后，将资本公积 90 000 元转增注册资本。该公司原有注册资本 2 910 000 元，其中甲、乙、丙三家公司各占 1/3。

(2) 用盈余公积 50 000 元弥补以前年度亏损。

（3）从税后利润中提取法定盈余公积 153 000 元。

（4）接受 B 公司投资，经投资各方协议，B 公司实际出资额中 1 000 000 元作为新增注册资本，使投资各方在注册资本总额中均占 1/4。B 公司以银行存款 1 200 000 元缴付出资额。

要求：根据上述业务编制 A 公司的有关会计分录。

第十二章 收　入

一、单项选择题

1. 宏达公司本年度委托某商店代销售一批零配件，代销价款300万元（不含增值税）。本年度收到代销清单，列明已销售代销零配件的70%，宏达公司收到代销清单时向某商店开具增值税发票。某商店按代销价款的5%收取手续费。该批零配件的实际成本为180万元，则宏达公司本年度因此项业务应确认销售收入为(　　)万元。

A. 300　　B. 180　　C. 210　　D. 120

2. 委托方采用支付手续费的方式委托代销商品，委托方在收到代销清单后应按(　　)确认收入。

A. 销售价款和增值税之和　　B. 商品的进价

C. 销售价款和手续费之和　　D. 商品售价

3. 对于企业已经发出商品但尚未确认销售收入的商品成本，应编制的会计分录为(　　)。

A. 借记应收账款，贷记库存商品

B. 借记应收账款，贷记主营业务收入（不考虑增值税）

C. 借记主营业务成本，贷记库存商品

D. 借记发出商品，贷记库存商品

4. 2013年8月，宏达公司销售一批商品给某公司，开出的增值税专用发票上注明的售价为10 000万元，增值税税额为1 700万元，商品的成本为8 000万元。货到后某公司发现商品质量不合格，要求在价格上给予3%的折让。某公司提出的销售折让要求符合原合同的约定，宏达公司同意并办妥了相关手续，假定销售商品后还未确认收入，则宏达公司应确认销售商品收入的金额为(　　)万元。

A. 351　　B. 9 700　　C. 11 349　　D. 11 700

5. 某企业2013年8月销售商品7 000件，每件售价50元（不含增值税），增值税税率为17%，企业为购货方提供的商业折扣为15%，现金折扣条件为2/10、1/20、n/30（计算现金折扣时不考虑增值税）。该企业在这项交易中应确认的收入金额为(　　)元。

A. 320 000　　B. 308 200　　C. 297 500　　D. 320 200

6. 某企业2013年8月向宏达公司提供某专利的使用权。合同规定：使用期10年，一次性收取使用费360 000元，不提供后续服务，款项已经收到，则某企业当年应确认的使用费收入为(　　)元。

A. 0　　B. 6 000　　C. 72 000　　D. 360 000

7. 按照会计准则的规定，下列项目中不应确认为收入的是(　　)。

A. 出售原材料取得的收入　　B. 设备出租收入

C. 违约金收入　　D. 销售商品收取的不含税价款

8. 甲企业于2013年9月接受一项产品安装任务，安装期5个月，合同总收入30万元，年度预收款项20万元，余款在安装完成时收回，当年实际发生成本15万元，预计还将发生成本3万元。2013年年末请专业测量师测量，产品安装程度为60%。则年末应确认的劳务收入为(　　)万元。

A. 30　　B. 20　　C. 18　　D. 15

9. 甲企业2013年10月承接一项设备安装劳务，劳务合同总收入为200万元，预计合同总成本为140万元，合同价款在签订合同时已收取，采用完工百分比法确认劳务收入。2012年已确认劳务收入80万元，截至2013年12月31日，该劳务的累计完工进度为60%。2013年该企业应确认的劳务收入为(　　)万元。

A. 36　　B. 40　　C. 72　　D. 120

10. 企业销售商品发生的销售折让应(　　)。

A. 增加销售费用　　B. 冲减主营业务收入

C. 增加主营业务成本　　D. 增加营业外支出

11. A公司于2013年8月接受一项产品安装任务，安装期6个月，合同总收入300万元，年度预收款项60万元，余款在安装完成时收回。当年实际发生成本120万元，预计还将发生成本80万元，则该公司2013年度确认收入(　　)万元。

A. 60　　B. 180　　C. 200　　D. 80

12. 下列交易或事项中，不应确认为营业外支出的是(　　)。

A. 对外捐赠支出　　B. 债务重组损失

C. 计提的固定资产减值准备　　D. 出售无形资产发生的净损失

13. 某公司2011年1月1日签订了一项总金额为2 000万元的咨询合同，合同期为3年，预计总成本为1 600万元。2011年发生成本500万元，2012年发生成本600万元，2013年预计发生成本500万元。假定该劳务的结果能够可靠估计，则该公司2012年度应确认的咨询收入为(　　)万元。

A. 1 315　　B. 1 000　　C. 750　　D. 600

14. 某工业企业销售产品每件220元，若客户购买100件（含100件）以上，每件可得到20元的商业折扣。某客户2013年12月10日购买该企业产品100件，按规定现金折扣条件为2/10，1/20，*n*/30。适用的增值税税率为17%。该企业于12月26日收到该笔款项时，应给予客户的现金折扣为（　　）元。（假定计算现金折扣时不考虑增值税）

A. 0　　B. 200　　C. 234　　D. 220

15. 甲公司2013年5月13日与客户签订了一项工程劳务合同，合同期9个月，合同总收入500万元，预计合同总成本350万元；至2013年12月31日，实际发生成本160万元。甲公司按实际发生成本占预计总成本的百分比确定劳务完成程度。在年末确认劳务收入时，甲公司发现，客户已发生严重的财务危机，估计只能从工程款中收回成本150万元，则甲公司2013年度应确认的劳务收入为(　　)万元。

A. 228. 55　　B. 160　　C. 150　　D. 10

16. 甲公司为增值税一般纳税企业。2012年11月1日签订合同采用预收款方式销售设备一台。合同约定设备售价100 000元，甲公司2012年11月10日收到购货方付款117 000元，2013年1月20日甲公司按照合同向购货方发货并开出增值税专用发票，2013年2月1日购货方收到该设备。甲公司正确的会计处理是(　　)。

A. 2012年11月1日确认商品销售收入100 000元

B. 2012年11月10日确认商品销售收入100 000元

C. 2013年1月20日确认商品销售收入100 000元

D. 2013年2月1日确认商品销售收入10 000元

二、多项选择题

1. 宏达公司2012年12月10日收到甲公司因质量问题而退回的商品5件，每件商品成本为200元。该批商品系宏达公司2012年9月13日出售给甲公司，每件商品售价为200元，适用的增值税税率为17%，货款尚未收到，宏达公司已于2012年9月13日确认销售商品收入，并开出增值税专用发票。因甲公司提出的退货要求符合销售合同约定，宏达公司同意退货。假定发生的销售折让允许扣减当期增值税销项税额。宏达公司应在验收退货入库时做的会计处理为(　　)。

A. 借记“库存商品”1 000，贷记“主营业务成本”1 000

B. 借记“主营业务收入”2 000，借记“应交税费——应交增值税（销项税额）”340，贷记“应收账款”2 340

C. 借记“库存商品”1 000，贷记“发出商品”1 000

D. 借记“应收账款”340，贷记“应交税费——应交增值税（销项税额）”340

2. 下列有关收入确认的表述中，正确的有(　　)。

A. 在同一会计期间内开始并完成的劳务，应按完工百分比法确认收入

B. 在资产负债表日，已发生的合同成本预计全部不能收回时，应将已发生的成本确认为当期损益，不确认收入

C. 在提供劳务交易的结果不能可靠估计的情况下，已经发生的劳务成本预计能够得到补偿时，应在资产负债表日按已经发生的劳务成本确认成本

D. 劳务的开始和完成分属不同的会计期间，在劳务的交易结果能够可靠计量的情况下，应在资产负债表日按完工百分比法确认收入

3. 企业跨期提供劳务的，期末可以按照完工百分比法确认收入的条件包括(　　)。

A. 劳务总收入能够可靠计量　　B. 相关的经济利益能够流入企业

C. 劳务的完成程度能够可靠确定　　D. 劳务总成本能够可靠计量

4. 下列会计科目，年末应无余额的有(　　)。

A. 主营业务收入　　B. 营业外收入　　C. 本年利润　　D. 利润分配

E. 资产减值损失

三、判断题

1. 政府向企业提供补助属于非互惠交易，具有无偿性的特点。(　　)

2. 如果商品售出后，企业仍可以对售出商品实施有效控制，说明此项商品销售不成立，不应该确认销售商品收入。(　　)

3. 预收款销售方式下应该在发出商品时确认销售收入。(　　)

4. 企业销售商品一批，并已收到款项，即使商品的成本不能够可靠计量，也要确认相关的收入。(　　)

5. 如果合同或协议规定一次性收取使用费，且提供后续服务的，应在合同或协议规定的有效期内分期确认收入。(　　)

四、业务题

1. 甲公司为增值税一般纳税企业，适用的增值税税率为17%。2013 年 3 月 1 日，甲公司向乙公司销售一批商品，按价目表上标明的价格计算，其不含增值

税额的售价总额为20 000元。因属批量销售，甲公司同意给予乙公司10%的商业折扣；同时，为鼓励乙公司及早付清货款，甲公司规定的现金折扣条件为：2/10，1/20，*n*/30。假定甲公司3月10日收到该笔销售的价款。

要求：分现金折扣含增值税与不含增值税两种情况，编制甲公司3月10日的相关会计分录。

2. 甲公司向乙公司销售一批商品，开出的增值税专用发票上注明的销售价格为80 000元，增值税税额为13 600元。乙公司在验收过程中发现商品质量不合格，要求在价格上给予5%的折让。假定甲公司已确认销售收入，款项尚未收到，发生的销售折让允许扣减当期增值税税额，不考虑其他因素。

要求：

（1）编制甲公司在销售实现时的相关会计分录。

（2）编制甲公司在发生销售折让时的相关会计分录。

（3）编制甲公司在实际收到款项时的相关会计分录。

3. 甲公司委托乙公司销售商品100件，协议价为200元/件，成本为120元/件。代销协议约定，乙企业在取得代销商品后，无论是否能够卖出、是否获利，均与甲公司无关（不得退货）。这批商品已经发出，货款尚未收到，甲公司开出的增值税专用发票上注明的增值税税额为3 400元。

要求：分别编制甲公司、乙公司的相关会计分录。

4. A公司委托B公司销售甲商品100件，协议价为每件100元，该商品成本为每件60元，增值税税率为17%。A公司收到B公司开来的代销清单已销售10件，并开具增值税专用发票。

（假定1）假定按代销协议，B公司可以将没有代销出去的商品退回给A公司，B公司实际销售时每件售价120元。

（假定2）A公司按售价的10%向B公司支付手续费。

要求：根据假定1、2，分别编制A公司、B公司的相关会计分录。

5. B公司2011年4月1日接受一项劳务合同，合同期限为2年，合同收入为300万元，分三年收取，原估计总成本为180万元（全部为职工薪酬）。2011年实际支付70万元，预收货款150万元；2012年实际支付90万元，预收货款120万元；2013年实际支付20万元，预收货款30万元。采用已提供的劳务量占应提供的劳务量的百分比法确认收入。

要求：编制2011年、2012年、2013年会计分录。

6. 天帮工业股份有限公司（以下简称天帮公司）系工业企业，为增值税一般纳税企业，适用的增值税税率为17%，适用的所得税税率为25%。销售单价除标明为含税价格外，均为不含增值税价格。

天帮公司2013年12月发生如下业务：

（1）12月5日，向某企业销售材料一批，价款为350 000元，该材料发出成本为250 000元。当日收取面值为409 500元的票据一张。

（2）12月10日，收到外单位租用本公司办公用房下一年度租金300 000元，款项已收存银行。

（3）12月13日，向某企业赊销A产品50件，单价为10 000元，单位销售成本为5 000元。

（4）12月18日，某企业要求退回本年11月25日购买的20件A产品。该产品销售单价为10 000元，单位销售成本为5 000元，其销售收入200 000元已确认入账，价款尚未收取。经查明退货原因系发货错误，同意退货，并办理退货手续和开具红字增值税专用发票。

（5）12月21日，某企业来函提出12月13日购买的A产品质量不完全合格。经协商按销售价款的10%给予折让，并办理相关手续和开具红字增值税专用发票。款项尚未收取。

要求：根据上述业务编制相关的会计分录。

7. 甲股份有限公司（以下简称甲公司）为增值税一般纳税企业，其销售的产品为应纳增值税产品，适用的增值税税率为17%，产品销售价款中均不含增值税额。甲公司适用的所得税税率为33%。产品销售成本按经济业务逐项结转。2013年度，甲公司发生如下经济业务事项：

（1）销售A产品一批，产品销售价款为800 000元，产品销售成本为350 000元。产品已经发出，并开具了增值税专用发票，同时向银行办妥了托收手续。

（2）收到乙公司因产品质量问题退回的B产品一批，并验收入库。甲公司用银行存款支付了退货款，并按规定向乙公司开具了红字增值税专用发票。该退货系甲公司2012年12月20日以提供现金折扣方式（折扣条件为2/10，1/20，*n*/30，折扣仅限于销售价款部分）出售给乙公司的，产品销售价款为40 000元，产品销售成本为22 000元。销售款项12月29日收到并存入银行（该项退货不属于资产负债表日后事项）。

（3）委托丙公司代销C产品一批，并将该批产品交付丙公司。代销合同规定甲公司按售价的10%向丙公司支付手续费，该批产品的销售价款为120 000元，产品销售成本为66 000元。

（4）甲公司收到了丙公司的代销清单。丙公司已将代销的C产品全部售出，款项尚未支付给甲公司。甲公司在收到代销清单时向丙公司开具了增值税专用发票，并按合同规定确认应向丙公司支付的代销手续费。

要求：根据上述业务，编制甲公司2013年度经济业务事项的会计分录。

第十三章 费　用

一、单项选择题

1. 下列应该计入管理费用的是（　　）。
A. 委托代销费用　　B. 商品流通企业的进货费用
C. 融资租入固定资产的租赁费用　　D. 公司高级管理人员的工资

2. 企业在筹建期间内发生的开办费，应计入（　　）。
A. 管理费用　B. 制造费用　C. 营业外支出　D. 其他业务成本

3. 企业发生的研究与开发费用若不符合资本化条件的，一般应计入(　　)。
A. 其他业务成本　B. 销售费用　C. 管理费用　D. 营业外支出

4. 专设销售机构的固定资产折旧费应计入(　　)。
A. 管理费用　　B. 主营业务成本
C. 销售费用　　D. 其他业务成本

5. 下列费用中，不属于管理费用列支范围的是(　　)。
A. 车船使用税　　B. 矿产资源补偿费
C. 工会经费　　D. 无形资产转让费

6. 某工业企业本期发生的以下支出中，不应计入“销售费用”的是(　　)。
A. 广告费和展览费　　B. 购入商品过程中发生的运输费
C. 销售商品过程中发生的运输费　　D. 售后服务网点工作人员的工资

7. 企业生产用库存原材料发生盘亏的损失，应计入（　　）。
A. 制造费用　B. 管理费用　C. 生产成本　D. 营业外支出

8. 下列各项中，应列作管理费用处理的是（　　）。
A. 自然灾害造成的流动资产净损失　　B. 生产车间的排污费
C. 固定资产清理的净损失　　D. 生产工人的劳动保险费

9. 下列项目中，销售企业应作为财务费用处理的是（　　）。
A. 企业发生的现金折扣货收到的现金折扣
B. 购货方放弃的现金折扣

C. 产品的促销费用

D. 业务招待费

10. 企业销售部门发生的业务招待费应计入(　　)。

A. 制造费用　　B. 销售费用　　C. 管理费用　　D. 财务费用

二、多项选择题

1. 企业发生的下列费用中，应计入管理费用的有(　　)。

A. 广告费　　B. 业务招待费

C. 矿产资源补偿费　　D. 研究与开发费

2. 下列各项中，符合“费用”会计要素定义的是(　　)。

A. 企业专设的销售机构的固定资产折旧费

B. 处置固定资产净损失

C. 自然灾害损失

D. 董事会会费

3. 下列费用中，应计入“管理费用——公司经费”账户的有(　　)。

A. 董事会会费　B. 诉讼费　　C. 坏账损失　　D. 低值易耗品摊销

4. 发生时，借记“管理费用”的税种包括(　　)。

A. 消费税　　B. 营业税　　C. 房产税　　D. 车船使用税

5. 费用的确认原则包括(　　)。

A. 按因果关系直接确认　　B. 按系统且合理的分配方法加以确认

C. 按期间配比确认　　D. 按照管理人员的意图加以确认

6. 财务费用包括的项目有(　　)。

A. 利息净支出　　B. 汇兑净损失

C. 发行债券的手续费　　D. 销售发生的现金折扣

7. 下列费用中，应在发生的当期全部转入损益的有（　　）。

A. 制造费用　　B. 财务费用　　C. 管理费用　　D. 销售费用

8. 下列费用中，不应作为管理费用处理的是（　　）。

A. 诉讼费　　B. 业务招待费　C. 制造费用　　D. 预计费用

9. 财务费用是企业筹集资金而发生的费用，包括（　　）。

A. 利息支出（含利息收入）　　B. 汇兑差额

C. 筹资人员工资　　D. 金融机构手续赞

10. 下列属于“销售费用”科目核算内容的有(　　)。

A. 销售商品过程中发生的保险费

B. 销售材料过程中发生的运输费

C. 工会经费

D. 专设销售机构的房屋折旧费

11. 一般工业企业缴纳的下列各种税金中，可能通过“营业税金及附加”科目核算的有(　　)。

A. 增值税销项税额　　B. 消费税

C. 城市维护建设税　　D. 印花税

E. 房产税

12. 下列项目中，应计入营业外支出的有(　　)。

A. 固定资产盘亏损失

B. 债务重组损失

C. 公益救济性捐赠支出

D. 超过规定限额的业务招待费计入管理费用

13. 下列项目中，应计入管理费用科目的是(　　)。

A. 工会经费　　B. 捐赠支出

C. 辞退福利　　D. 印花税

E. 技术转让费

三、判断题

1. 期间费用是指企业当期发生的、能直接归属于某个特定产品成本的费用。(　　)

2. 企业在确认商品销售收入后发生的现金折扣，应在发生时计入财务费用。(　　)

3. 费用最终将导致企业经济资源的减少或者所有者权益的减少。(　　)

4. 管理费用、财务费用和销售费用等期间费用，应于期末时将其发生的费用金额，全部转入“本年利润”科目中。(　　)

5. 直接计入所有者权益的损失也是企业的费用。　(　　)

四、业务题

2010 年 12 月某公司发生下列经济业务：

(1) 本月固定资产计提折旧 7 000 元、无形资产摊销 2 000 元。

(2) 销售部门小王到财务部门报销业务招待费 800 元，现金已支付。

(3) 本月用银行存款支付报纸广告版面费 15 000 元。

(4) 计提向建设银行的长期借款的利息费用 5 000 元。

要求：请对上述经济业务进行会计处理。

第十四章 利 润

一、单项选择题

1. 调整增加的以前年度利润或调整减少的以前年度亏损和相应增加的所得税，借记有关科目，按应调整增加的应交税费，贷记“应交税费——应交所得税”科目，按其差额，贷记(　　)科目。

A. 以前年度损益调整　　B. 所得税

C. 营业外收入　　D. 本年利润

2. 某企业20×7年2月主营业务收入为100万元，主营业务成本为80万元，管理费用为5万元，资产减值损失为2万元，投资收益为20万元。假定不考虑其他因素，该企业当月的营业利润为(　　)万元。

A. 13　　B. 15　　C. 28　　D. 33

3. 当企业用盈余公积弥补亏损时，则应借记“盈余公积”科目，贷记(　　)科目。

A. 投资收益　　B. 本年利润

C. 利润分配——盈余公积补亏　　D. 利润分配——转作资本的利润

4. 某工业企业本年营业收入为4 900万元，营业成本为3 500万元，管理费用为450万元，销售费用为150万元，财务费用为50万元，营业外收入为180万元，营业外支出为30万元。本年所得税费用为225万元，则该企业本年利润总额为（　　）万元。

A. 780　　B. 830　　C. 900　　D. 675

5. 下列项目中，不属于营业外支出的有(　　)。

A. 处置固定资产净损失　　B. 出售无形资产净损失

C. 无形资产当期摊销　　D. 捐赠支出

6. 下列各项中，不应在利润表“营业收入”项目列示的是（　　）。

A. 政府补助收入　　B. 设备安装劳务收入

C. 代销品销售收入　　D. 固定资产出租收入

7. 某企业实现利润 95 万元，其中包括国债利息收入 10 万元，税收滞纳金 10 万元，超标准的业务招待费 5 万元。该企业的所得税税率为 25%。假设不存在递延所得税，则计算的本期所得税费用为（　　）万元。

A. 25　　B. 26.25　　C. 21.25　　D. 27.5

8. 甲企业 2010 年取得国库券投资的利息为 30 000 元，其他公司债券投资利息为 70 000 元，全年税前利润为 690 000 元，所得税税率为 25%。若无其他纳税调整项目，则 2010 年该企业的净利润为(　　)元。

A. 542 500　　B. 517 500　　C. 525 000　　D. 535 000

9. 下列交易或事项，不应确认为营业外支出的是（　　）。

A. 公益性捐赠支出　　B. 无形资产出售损失

C. 固定资产盘亏损失　　D. 固定资产减值损失

10. 某工业企业本年营业收入为 900 万元，营业成本为 650 万元，投资收益为 20 万元，管理费用为 10 万元，销售费用为 15 万元，营业外支出为 5 万元。假定不考虑其他因素，该企业本期营业利润为（　　）万元。

A. 260　　B. 245　　C. 240　　D. 225

11. 与收益相关的政府补助，用于补偿企业已经发生的相关费用或损失的，收到补助时确认为（　　）。

A. 递延收益　　B. 营业外收入　　C. 营业外支出　　D. 管理费用

12. 某企业 2011 年发生亏损 100 万元，2012 年实现税前会计利润 600 万元，其中包括国债利息收入 50 万元；在营业外支出中有税收滞纳金罚款 70 万元；所得税税率为 25%；假定无递延所得税及其他纳税调整项目，则 2012 年的所得税费用为（　　）万元。

A. 150　　B. 137.5　　C. 130　　D. 112.5

13. 根据企业会计准则的规定，企业支付税款的滞纳金应当计入（　　）。

A. 管理费用　　B. 营业外支出　　C. 其他业务成本　　D. 销售费用

14. 下列各项中，经批准计入营业外支出的是（　　）。

A. 计算差错造成的存货盘亏　　B. 管理不善造成的存货盘亏

C. 管理不善造成的固定资产盘亏　D. 无法查明原因的现金短缺

15. 某企业 2008 年 1 月 1 日所有者权益构成情况如下：实收资本 1 500 万元，资本公积 100 万元，盈余公积 300 万元，未分配利润 100 万元。2008 年度实现利润总额为 800 万元，企业所得税税率为 25%。假定不存在纳税调整事项及其他因素，该企业 2008 年 12 月 31 日可供分配利润为（　　）万元。

A. 600　　B. 700　　C. 800　　D. 1 100

二、多项选择题

1. 按照国家有关法规规定，企业每期实现的净利润，首先应当弥补以前年度的亏损，然后按下列程序进行分配(　　)。

A. 提取法定盈余公积金

B. 提取任意盈余公积金

C. 向投资者分配

D. 转作资本的利润

2. 下列各项中，构成企业利润总额的有(　　)。

A. 营业利润　B. 投资收益　C. 营业外收入　D. 营业外支出

3. 下列各项中，属于营业外收入的有（　　）。

A. 销售原材料取得的收入　B. 转销固定资产盘盈

C. 罚款净收入　D. 出售无形资产净收益

4. 下列科目中，应于期末将余额结转到“本年利润”科目的有(　　)。

A. 所得税费用　B. 投资收益　C. 营业外支出　D. 制造费用

5. 下列各项中，影响企业营业利润的有(　　)。

A. 处置无形资产净收益　B. 出租包装物取得的收入

C. 接受公益性捐赠利得　D. 经营租出固定资产的折旧额

6. 下列各项，影响当期利润表中利润总额的有（　　）。

A. 固定资产盘盈　B. 确认所得税费用

C. 对外捐赠固定资产　D. 无形资产出售利得

7. 下列各项中，影响营业利润的项目有(　　)。

A. 已销商品成本　B. 原材料销售收入

C. 出售固定资产净收益　D. 转让股票所得收益

8. 下列各项中，不应确认为营业外收入的有（　　）。

A. 存货盘盈　B. 固定资产出租收入

C. 固定资产盘盈　D. 无法查明原因的现金溢余

9. 下列各项中，应计入营业外支出的有(　　)。

A. 无形资产处置损失　B. 存货自然灾害损失

C. 固定资产清理损失　D. 长期股权投资处置损失

10. 下列各项中，会计上和税法上核算不一致，需要进行纳税调整的有(　　)。

A. 超标的业务招待费　B. 国债利息收入

C. 公司债券的利息收入　D. 公司债券转让净收益

11. 下列各项中，作为当期营业利润抵减项目的有(　　)。

A. 产品广告费　　B. 转让无形资产所有权收入

C. 增值税　　D. 计提的坏账准备

12. 下列各项，应计入营业外收入的有(　　)。

A. 无法支付的应付账款　　B. 无法查明原因的现金溢余

C. 转让长期投资取得的净收益　　D. 转让无形资产所有权取得的净收益

13. 下列各项中，年度终了需要转入“利润分配——未分配利润”科目的有（　　）。

A. 本年利润　　B. 利润分配——应付现金股利

C. 利润分配——盈余公积补亏　　D. 利润分配——提取法定盈余公积

14. 下列各科目的余额，期末应结转到“本年利润”科目的有(　　)。

A. 资产减值损失　　B. 销售费用

C. 公允价值变动损益　　D. 以前年度损益调整

15. 下列各项中，影响营业利润的项目有(　　)。

A. 主营业务成本　　B. 营业税金及附加

C. 营业外收入　　D. 资产减值损失

16. 下列项目中，使本期所得税费用增加的有(　　)。

A. 本期应交所得税　　B. 本期递延所得税资产借方发生额

C. 本期递延所得税负债借方发生额　　D. 本期递延所得税负债贷方发生额

17. 下列各项中，影响利润表“所得税费用”项目金额的有(　　)。

A. 当期应交所得税　　B. 递延所得税收益

C. 递延所得税费用　　D. 销售产品收入

18. 下列各项中，需要调增增加企业应纳税所得额的项目有(　　)。

A. 国债利息收入　　B. 已计入损益的税收滞纳金

C. 超标的广告费支出　　D. 合同违约罚款

19. 下列各项中，影响营业利润的项目有（　　）。

A. 已销商品成本　　B. 已销原材料的成本

C. 出售固定资产净收益　　D. 转让交易性金融资产所得收益

20. 下列会计科目中年末结转后应无余额的有(　　)。

A. 主营业务收入　B. 营业外收入　C. 本年利润　　D. 利润分配

三、判断题

1. 企业本年实现的净利润加上年初未分配利润为可供分配利润。(　　)

2. 会计制度规定，企业调整以前年度利润或以前年度亏损和相应影响的所

得税额，应增设“以前年度损益调整”科目。(   )

3. 政府补助是指企业从政府无偿取得货币性资产或非货币性资产，包括政府作为企业所有者投入的资本。(   )

4. 企业所得税实行按年计算，分月或者分季预缴。月份或者季度终了后预缴，年度终了后四个月内汇算清缴，多退少补。(   )

5. 时间性差异是指某一会计期间，由于会计制度和税法在计算收益、费用或损失时的口径不同，所产生的税前会计利润与应纳税所得额之间的差异。(   )

6. 企业发生毁损的固定资产净损失，应计入营业外支出。(   )

7. 企业采用“表结法”结转本年利润的，年度内每月月末损益类科目发生额合计数和月末累计余额无须转入“本年利润”科目但要将其填入利润表，在年末时将损益类科目全年累计余额转入“本年利润”科目。(   )

8. 账结法下，每月月末均需编制转账凭证，将在账上结计出的各损益类科目的余额结转入“本年利润”科目。结转后“本年利润”科目的本月合计数反映当月实现的利润或发生的亏损，“本年利润”科目的本年累计数反映本年累计实现的利润或发生的亏损。(   )

9. 企业确认与收益相关的政府补助，在实际收到时直接计入当期营业外收入。(   )

10. 本期所得税费用一定等于本期应交所得税。(   )

11. 企业在财产清查中盘盈的固定资产，先计入待处理财产损益，报经批准后做营业外收入。(   )

12. 某企业年初有上年形成的亏损25万元，当年实现利润总额10万元。假设企业本期无纳税调整事项，则企业当年还应缴纳一定的企业所得税。(   )

13. 企业因债权人撤销而转销无法支付的应付账款时，应将所转销的应付账款计入营业外收入科目。(   )

14. 企业出售不动产计算应交的营业税应直接计入营业外支出科目。(   )

15. 企业确实无法支付的应付账款，经批准转销后，冲减财务费用。(   )

四、业务题

（一）利润计算练习题

1. 某工业企业本期主营业务利润为900万元，其他业务利润为100万元，投资收益为20万元，管理费用为10万元，销售费用为15万元，营业外支出为5万元。该企业本期营业利润为多少万元？

2. 汉川公司2011年度取得主营业务收入6 000万元，其他业务收入1 500

万元，投资收益 1 800 万元，营业外收入 300 万元；发生主营业务成本 4 000 万元，其他业务成本 1 000 万元，营业税金及附加 200 万元，销售费用 750 万元，管理费用 450 万元，财务费用 100 万元，资产减值损失 600 万元，公允价值变动净损失 400 万元，营业外支出 500 万元，所得税费用 520 万元。汉川公司按净利润的 10% 提取法定盈余公积；公司决定 2011 年向股东分配现金股利 300 万元，分配每股面值 1 元的股票股利 400 万股。

根据以上资料，作出汉川公司有关利润结转和分配的下列会计处理：

（1）计算营业利润、利润总额、净利润的金额。

（2）将 2011 年度各收入类科目的金额转入“本年利润”科目。

（3）将 2011 年度各支出类科目的金额转入“本年利润”科目。

（4）将净利润转入“利润分配——未分配利润”科目。

（5）提取法定盈余公积。

（6）分配现金股利。

（7）分配股票股利。

（8）结平“利润分配”所属其他明细科目余额。

3. 根据下列业务编写会计分录；计算本月实现的营业利润、利润总额、应交所得税和净利润。A 公司 2007 年 12 月发生下列经济业务：

（1）3 日，用存款缴纳上月应交所得税 63 000 元。

（2）15 日，用存款向灾区捐款 50 000 元。

（3）18 日，用存款支付违反有关税收规定的罚款 10 000 元。

（4）20 日，将确实无法支付的应付账款 20 000 元转作营业外收入。

（5）25 日，收到联营企业分来的投资利润 120 000 元存入银行。

（6）31 日，收到 B 公司分来的投资利润 30 000 元存入银行。

（7）31 日，结转收入类账户的余额：其中：主营业务收入 350 000 元，其他业务收入 10 000 元，投资收益 150 000 元，营业外收入 20 000 元。

（8）31 日，结转费用类账户余额：其中：主营业务成本 210 000 元，销售费用 8 000 元，营业税金及附加 8 500 元，管理费用 34 500 元，财务费用 2 000 元，其他业务成本 7 000 元，营业外支出 60 000 元。

（9）31 日，按本月实现利润总额的 25% 计算并结转应交所得说。

（10）31 日，年末，结转全年实现的净利润 800 000 元。

（11）31 日，按全年净利润的 10% 提取盈余公积 80 000 元。

（12）31 日，经研究决定向投资者分配利润 500 000 元。

（13）31 日，用存款支付投资者的利润 500 000 元。

（二）以前年度损益调整练习题

某企业于2008年6月8日对企业全部的固定资产进行盘查，盘盈一台机器设备，该设备同类产品市场价格为10万元，企业所得税税率为25%；该企业按照10%提取法定盈余公积。请做出会计分录。

（三）所得税计算分析题

1. 甲公司适用的企业所得税税率为25%。甲公司申报2009年度企业所得税时，涉及以下事项：

（1）2009年，甲公司应收账款年初余额为3 000万元，坏账准备年初余额为零；应收账款年末余额为24 000万元，坏账准备年末余额为2 000万元。税法规定，企业计提的各项资产减值损失在未发生实质性损失前不允许税前扣除。

（2）2009年9月5日，甲公司以2 400万元购入某公司股票，作为可供出售金融资产处理。至12月31日，该股票尚未出售，公允价值为2 600万元。税法规定，资产在持有期间公允价值的变动不计税，在处置时一并计算应计入应纳税所得额的金额。

（3）甲公司于2007年购入的对乙公司股权投资的初始投资成本为2 800万元，采用成本法核算。2009年10月3日，甲公司从乙公司分得现金股利200万元，计入投资收益。至12月31日，该项投资未发生减值。甲公司、乙公司均为设在我国境内的居民企业。税法规定，我国境内居民企业之间取得的股息、红利免税。

（4）2009年，甲公司将业务宣传活动外包给其他单位，当年发生业务宣传费4 800万元，至年末尚未支付。甲公司当年实现销售收入30 000万元。税法规定，企业发生的业务宣传费支出，不超过当年销售收入的15%的部分，准予税前扣除；超过部分，准予结转以后年度税前扣除。

（5）其他相关资料：

①2008年12月31日，甲公司存在可于3年内税前弥补的亏损2 600万元，甲公司对这部分未弥补亏损已确认递延所得税资产650万元。

②甲公司2009年实现利润总额3 000万元。

③除上述各项外，甲公司会计处理与税务处理不存在其他差异。

④甲公司预计未来期间能够产生足够的应纳税所得额用于抵扣可抵扣暂性差异，预计未来期间适用所得税税率不会发生变化。

甲公司对上述交易或事项已按企业会计准则规定进行处理。

要求：

（1）确定甲公司2009年12月31日有关资产、负债的账面价值及计税基础，并计算相应的暂时性差异，将相关数据填入下面“甲公司2009年暂时性差异计算表”。

（2）计算甲公司2009年应确认的递延所得税费用（或收益）。

（3）编制甲公司2009年与所得税相关的会计记录。

甲公司2009年暂时性差异计算表 单位：万元

项 目	账面价值	计税基础	暂时性差异	
			应纳税暂时性差异	可抵扣暂时性差异

2. 甲股份有限公司（本题下称“甲公司”），2009年1月1日递延所得税资产账面余额为375万元，递延所得税负债账面余额为1 000万元。该公司适用的所得税税率为25%。该公司2009年利润总额为9 000万元，当年涉及所得税核算的交易和事项如下：

（1）2008年12月购入一套环保设备，取得成本为2 400万元。该设备预计使用年限为10年，预计净残值为0，采用年限平均法计提折旧。

税法规定，企业的环保设备可以采用加速折旧方法计提折旧，从税前扣除。甲公司该环保设备预计使用年限和净残值均符合税法规定。甲公司在计税时对该设备采用双倍余额递减法计提折旧。

（2）2009年2月开始对某专用技术进行研究开发。该专用技术研究阶段支付开发人员工资200万元，领用原材料100万元，共计300万元。进入开发阶段后支付开发人员工资600万元，支付租用研发专用设备租金400万元，共计1 000万元。2009年12月31日，该研发活动形成的专用技术达到预定用途，甲公司将开发阶段发生的支出1 000万元中符合资本化条件的开发支出800万元，确认为无形资产（尚未开始摊销）。税法规定，自行开发的无形资产，以开发过程中该资产符合资本化条件后至达到预定用途前发生的支出为计税基础。税法中规定企业为开发新技术、新产品、新工艺发生的研究开发费用，未形成无形资产计入当期损益的，在按照规定据实扣除的基础上，按照研究开发费用的50%加计扣除；形成无形资产的，按照无形资产成本的150%摊销。

（3）2009年6月，以银行存款支付延期缴纳税款滞纳金400万元。税法规定，企业违反国家法律法规支付的罚款及滞纳金不允许税前扣除。

（4）2009 年 9 月，从证券市场购入 100 万股 A 公司股票，其取得成本为 700 万元。甲公司将其作为交易性金融资产核算。2009 年 12 月 31 日，该股票的市价为 1 200 万元。税法规定，资产持有期间公允价值变动不计入应纳税所得额，出售时一并计入应纳税所得额。

（5）2009 年 12 月 31 日，甲公司根据部分商品市场情况，对存货计提 1 000 万元存货跌价准备。甲公司计提跌价准备前的存货账面余额为 14 000 万元。假定甲公司在此之前未计提存货跌价准备。

税法规定，企业计提的资产减值准备不允许税前扣除，只有在相应资产发生实质性损失时才允许税前扣除。

（6）其他有关资料：

①甲公司为增值税一般纳税人，适用的增值税税率为 17%。

②甲公司预计 2009 年 1 月 1 日存在的暂时性差异将在 2010 年 1 月 1 日以后转回。

③甲公司对上述交易事项的会计处理均符合会计准则规定。

④甲公司预计在未来期间能够产生足够的应纳税所得额用于抵扣可抵扣暂时性差异。

要求：

（1）根据上述资料，填列“暂时性差异计算表”。

暂时性差异计算表　　　　单位：万元

项　目	账面价值	计税基础	暂时性差异	
			应纳税暂时性差异	可抵扣暂时性差异
固定资产				
无形资产				
交易性金融资产				
存货				

（2）计算甲公司 2009 年应交所得税。

（3）计算甲公司 2009 年应确认的递延所得税费用或收益。

（4）编制甲公司 2009 年确认所得税费用的相关会计分录。

第十五章 财务报告

一、单项选择题

1. “预付账款”科目明细账中若有贷方余额，应将其计入资产负债表中的(　　)项目。

A. 应收账款　B. 预收账款　C. 应付账款　D. 其他应付款

2. 某公司年末结账前“应收账款”科目所属明细科目中有借方余额 50 000 元，贷方余额 20 000 元；“预付账款”科目所属明细科目中有借方余额 13 000 元，贷方余额 5 000 元；“应付账款”科目所属明细科目中有借方余额 50 000 元，贷方余额 120 000 元；“预收账款”科目所属明细科目中有借方余额 3 000 元，贷方余额 10 000 元；“坏账准备”科目余额为 0。则年末资产负债表中“应收账款”项目和“应付账款”项目的期末数分别为(　　)。

A. 30 000 元和 70 000 元　B. 53 000 元和 125 000 元

C. 63 000 元和 53 000 元　D. 47 000 元和 115 000 元

3. 资产负债表中的“未分配利润”项目，应根据(　　)填列。

A. “利润分配”科目余额

B. “本年利润”科目余额

C. “本年利润”和“利润分配”科目的余额计算后

D. “盈余公积”科目余额

4. 现金流量表编制方法中的“直接法”和“间接法”，是用来反映(　　)。

A. 投资活动的现金流量　B. 筹资活动的现金流量

C. 经营活动的现金流量　D. 上述三项活动的现金流量

5. 某企业 2007 年主营业务收入为 1 000 万元，其他业务收入为 100 万元，2007 年应收账款的年初数为 150 万元，期末数为 120 万元，2007 年发生坏账 10 万元，计提坏账准备 12 万元。根据上述资料，该企业 2007 年“销售商品收到的现金”为(　　)万元。

A. 1 118　B. 1 120　C. 1 142　D. 1 132

6. A 公司拥有 B 公司 80% 的股份，A 公司拥有 C 公司 50% 的股份，B 公司拥有 C 公司 15% 的股份，则 A 公司直接和间接拥有 C 公司的股份为（　　）。

A. 50%　　B. 65%　　C. 15%　　D. 55%

7. A 公司拥有 B 公司 18% 的表决权资本；B 公司拥有 C 公司 60% 的表决权资本；A 公司拥有 D 公司 60% 的表决权资本，拥有 E 公司 6% 的权益性资本；D 公司拥有 E 公司 45% 的表决权资本。上述公司之间存在关联方关系的有(　　)。

A. A 公司与 B 公司　　B. A 公司与 C 公司

C. A 公司与 D 公司　　D. B 公司与 E 公司

8. 某企业 2007 年 12 月 31 日固定资产账户余额为 2 000 万元，累计折旧账户余额为 800 万元，固定资产减值准备账户余额为 100 万元，在建工程账户余额为 200 万元。该企业 2007 年 12 月 31 日资产负债表中固定资产项目的金额为(　　)万元。

A. 1 200　　B. 90　　C. 1 100　　D. 2 200

9. 甲公司只有一个子公司乙公司，2007 年度，甲公司和乙公司现金流量表中“销售商品提供劳务收到现金”项目的金额分别为 2 000 万元和 1 000 万元，“购买商品接受劳务支付现金”项目的金额分别为 1 800 万元和 800 万元。2007 年甲公司向乙公司销售商品收到现金 100 万元，不考虑其他事项，合并现金流量表中“购买商品、接受劳务支付现金”项目的金额为(　　)万元。

A. 3 000　　B. 2 600　　C. 2 500　　D. 2 900

10. “应收账款”账户明细账中若有贷方余额，应将其计入资产负债表中的（　　）项目。

A. 应收账款　　B. 预收账款　　C. 应付账款　　D. 其他应付款

11. 下列资产负债表项目中，应根据多个总账账户余额计算填列的是(　　)。

A. 应付账款　　B. 盈余公积

C. 未分配利润　　D. 长期借款

12. 利润表的附表是（　　）。

A. 应交增值税明细表　　B. 利润分配表

C. 资产减值准备明细表　　D. 股东权益增减变动表

13. 将于一年内到期的长期借款，在资产负债表中应在（　　）项目中列示。

A. 长期借款　　B. 短期借款

C. 一年内到期的长期负债　　D. 其他长期负债

14. 某企业“应收账款”账户月末借方余额 40 000 元，其中：“应收 A 公司账款”明细账户借方余额 30 000 元，“应收 B 公司账款”明细账户借方余额 10 000元；“预收账款”账户月末贷方余额 30 000 元，其中：“预收甲公司账款”明细账户借方余额 50 000 元，“预收乙公司账款”明细账户贷方余额 80 000 元。该企业月末资产负债表中“应收账款”项目的金额为（ ）元。

A. 90 000 B. 40 000 C. 120 000 D. 70 000

15. 下列引起现金流量净额变动的项目是（ ）。

A. 将现金存入银行

B. 用银行存款购买 3 个月内到期的国库券

C. 用存货抵偿债务

D. 用现金等价物清偿债务

二、多项选择题

1. 在采用间接法将净利润调节为经营活动的现金流量时，下列各调整项目中，属于调增项目的是( )。

A. 存货的减少 B. 递延所得税资产减少额

C. 计提的坏账准备 D. 经营性应付项目的减少

2. 根据现行会计制度的规定，下列各项中，属于企业经营活动产生的现金流量的有( )。

A. 收到的出口退税款 B. 收到长期股权投资的现金股利

C. 转让无形资产所有权取得的收入 D. 出租无形资产使用权取得的收入

3. 下列交易或事项产生的现金流量中，属于投资活动产生的现金流量的有( )。

A. 为购建固定资产支付的耕地占用税

B. 为购建固定资产支付的已资本化的利息费用

C. 因火灾造成固定资产损失而收到的保险赔款

D. 融资租赁方式租入固定资产所支付的租金

4. 甲公司当期发生的交易或事项中，会引起现金流量表中筹资活动产生的现金流量发生增减变动的有( )。

A. 接受现金捐赠

B. 向投资者分派现金股利 300 万元

C. 收到投资企业分来的现金股利 500 万元

D. 发行股票时由证券商支付的股票印刷费用

5. 将净利润调节为经营活动产生的现金流量时，下列各调整项目中，属于调减项目的有( )。

A. 投资收益　　　　　　　　　B. 递延所得税负债增加额

C. 长期待摊费用的增加　　　　D. 固定资产报废损失

6. 下列公司的股东均按所持股份行使表决权，W 公司编制合并会计报表时应纳入合并范围的公司有(　　)。

A. 甲公司（W 公司拥有其 60% 的股权）

B. 乙公司（甲公司拥有其 55% 的股权）

C. 丙公司（W 公司拥有其 30% 的股权，甲公司拥有其 40% 的股权）

D. 丁公司（W 公司拥有其 20% 的股权，乙公司拥有其 40% 的股权）

7. 下列各项，影响企业营业利润的项目有（　　）。

A. 销售费用　　B. 投资收益　　C. 管理费用　　D. 所得税费用

8. 资产负债表中的应付账款项目应根据(　　)填列。

A. 应付账款所属明细账贷方余额合计

B. 预付账款所属明细账贷方余额合计

C. 应付账款总账余额

D. 应付账款所属明细账借方余额合计

9. 下列各项中，属于将某分部纳入分部报表编制范围的条件的有(　　)。

A. 分部营业收入占所有分部营业收入合计的 10% 或以上

B. 分部营业利润占所有盈利分部营业利润合计的 10% 或以上

C. 分部营业亏损占所有亏损分部营业亏损合计的 10% 或以上

D. 分部资产总额占所有分部资产总额合计的 10% 或以上

10. 下列交易和事项中，不影响当期经营活动产生的现金流量的有(　　)。

A. 用产成品偿还短期借款　　　B. 支付管理人员工资

C. 收到被投资单位利润　　　　D. 支付各项税费

11. 现金流量表中“支付给职工以及为职工支付的现金”项目应反映的内容有(　　)。

A. 企业为离退休人员支付的统筹退休金

B. 企业为经营管理人员支付的困难补助

C. 支付的在建工程人员的工资

D. 支付的行政管理人员的工资

12. 下列交易或事项产生的现金流量中，属于投资活动产生的现金流量的有(　　)。

A. 为购建固定资产支付的耕地占用税

B. 转让一项专利权，取得价款 200 万元

C. 因火灾造成固定资产损失而收到的保险赔款

D. 融资租赁方式租入固定资产所支付的租金

13. 在下列情况下，应当认为被投资企业在其投资企业的控制范围内，应当将其纳入合并范围(　　)。

A. 通过与被投资企业的其他股东之间的协议，持有该被投资企业50%表决权

B. 有权任免董事会等类似权力机构的多数成员

C. 根据公司章程或协议有权控制被投资企业财务和经营政策

D. 拥有被投资企业60%的权益性资本投资

14. 下列关于或有事项的说法中，正确的是(　　)。

A. 一桩经济案件，若企业有98%的可能性获得补偿100万元，则企业就应将其确认为资产

B. 当或有资产可能给企业带来经济利益时，则应在会计报表附注中披露

C. 或有资产一般不应在会计报表附注中披露，当或有资产很可能给企业带来经济利益时，则应在会计报表附注中披露

D. 或有资产和或有负债均不确认

15. 下列资产中，属于流动资产的有(　　)。

A. 交易性金融资产　　B. 一年内到期的非流动资产

C. 货币资金　　D. 开发支出

16. 在企业与关联方发生交易的情况下，下列各项中，属于企业应在会计报表附注中披露的内容有(　　)。

A. 定价政策　　B. 交易金额

C. 交易类型　　D. 关联方关系的性质

17. 资产负债表的附表有(　　)。

A. 应交增值税明细表　　B. 分部报表

C. 资产减值准备明细表　　D. 所有者权益增减变动表

18. 下列不影响现金流量的事项有(　　)。

A. 股权性投资分得的现金股利　　B. 收回对外投资的固定资产

C. 融资租赁取得的固定资产　　D. 在建工程完工转入的固定资产

19. 下列活动中产生的现金流量属于投资活动产生的有(　　)。

A. 固定资产的购建与处置　　B. 无形资产的购建与处置

C. 债权性投资的利息收入　　D. 以现金形式收回的投资本金

20. 在下列项目中，应计入利润表中“营业外收入”项目的是(　　)。

A. 出口退税　　B. 先征后返收到的增值税

C. 无法支付的应付账款　　D. 接受现金捐赠

三、判断题

1. 企业以发行股票方式筹集资金过程中直接支付的评估、审计、咨询等费用在“吸收投资收到的现金”项目中扣除。(　　)

2. 两个企业之间即使不存在投资与被投资关系，也有可能是关联方。(　　)

3. 利润表是反映企业在一定会计期间经营成果的报表。(　　)

4. 企业必须对外提供资产负债表、利润表和现金流量表，会计报表附注可以不对外提供。(　　)

5. 现金流量表只能反映企业与现金有关的经营活动、投资活动和筹资活动。(　　)

6. 企业在编制现金流量表时，对企业为职工支付的住房公积金、为职工缴纳的商业保险金、社会保障基金等，应按照职工的工作性质和服务对象分别在经营活动和投资活动产生的现金流量有关项目中反映。(　　)

7. 现金流量表补充资料中的固定资产折旧项目反映的是企业本期计提的计入损益的折旧费。(　　)

8. 企业购入 3 个月内到期的国债，会减少企业投资活动产生的现金流量。(　　)

9. 资产负债表中的资产类应分流动资产和非流动资产项目列示，非流动资产在前，流动资产在后。(　　)

10. A 企业的董事长同时兼任 B 企业的财务总监，则 A 企业和 B 企业之间存在关联方关系。(　　)

11. 报告分部的对外交易收入合计额占合并总收入或企业总收入的比重未达到 75% 的，应当将其他的分部确定为报告分部（即使它们未满足上述规定的条件），直到该比重达到 75%。(　　)

12. 我国资产负债表的格式采用账户式结构。(　　)

13. 如果编制的财务会计报告未遵守基本会计假设，必须在会计报表附注中予以披露。(　　)

14. 投资收益不影响营业利润。(　　)

15. 现金各项目之间、现金与非现金各项目之间的增减变动，均会影响到企业现金流量净额的变动。(　　)

四、业务题

（一）甲企业和乙企业均为增值税一般纳税工业企业，其有关资料如下：

（1）甲企业销售的产品、材料均为应纳增值税货物，增值税税率为 17%，产品、材料销售价格中均不含增值税。

（2）甲企业材料和产品均按实际成本核算，其销售成本随着销售同时结转。

（3）乙企业为甲企业的联营企业，甲企业对乙企业的投资占乙企业有表决权资本的25%，甲企业对乙企业的投资按权益法核算。

（4）甲企业2012年1月1日有关科目余额如下：

科目名称	借方余额	科目名称	贷方余额
库存现金	500	短期借款	300 000
银行存款	400 000	应付票据	50 000
应收票据	30 000	应付账款	180 000
应收账款	200 000	应付职工薪酬	5 000
坏账准备	-1 000	应交税费	12 000
其他应收款	200	长期借款	1 260 000
原材料	350 000	实收资本	2 000 000
周转材料	30 000	盈余公积	120 000
库存商品	800 000	利润分配（未分配利润）	7 700
长期股权投资——乙企业	600 000		
固定资产	2 800 000		
累计折旧	-5 600 000		
无形资产	5 000		
合计	3 934 700	合计	3 934 700

（5）甲企业2012年度发生如下经济业务：

① 购入原材料一批，增值税专用发票上注明的增值税税额为51 000元，原材料实际成本为300 000元。材料已经到达，并验收入库。企业开出商业承兑汇票。

② 销售给乙企业一批产品，销售价格为40 000元，产品成本为32 000元。产品已经发出，开出增值税专用发票，款项尚未收到（除增值税以外，不考虑其他税费）。甲企业销售该产品的销售毛利率为20%。

③ 对外销售一批原材料，销售价格为26 000元，材料实际成本为18 000元。销售材料已经发出，开出增值税专用发票。款项已经收到，并存入银行（除增值税以外，不考虑其他税费）。

④ 出售一台不需用设备给乙企业，设备账面原价150 000元，已提折旧

24 000元，出售价格 180 000 元。出售设备价款已经收到，并存入银行。甲企业出售该项设备的毛利率为 30%（假设出售该项设备不需缴纳增值税等有关税费）。乙公司购入该项设备用于管理部门，本年度提取该项设备的折旧18 000元。

⑤ 按应收账款年末余额的 5‰计提坏账准备。

⑥ 用银行存款偿还到期应付票据 20 000 元，缴纳所得税 2 300 元。

⑦ 乙企业本年实现净利润 280 000 元，甲企业按投资比例确认其投资收益。

⑧ 摊销无形资产价值 1 000 元；计提管理用固定资产折旧 8 766 元。

⑨ 本年度所得税费用和应交所得税为 42 900 元；实现净利润 87 100 元；计提盈余公积 8 710 元。

要求：

（1）编制甲企业的有关经济业务会计分录（各损益类科目结转本年利润以及与利润分配有关的会计分录除外。除“应交税费”科目外，其余科目可不写明细科目）。

（2）填列甲企业 2012 年 12 月 31 日资产负债表的年末数（填入下表）。

资产负债表

编制单位：甲企业　　　　2012 年 12 月 31 日　　　　单位：元

资产	期末余额	负债及所有者权益	期末余额
流动资产：		流动负债：	
货币资金		短期借款	
应收票据		应付票据	
应收账款		应付账款	
其他应收款		应付职工薪酬	
存货		应交税费	
流动资产合计		流动负债合计	
非流动资产：		非流动负债：	
长期股权投资——乙企业		长期借款	
固定资产		非流动负债合计	
无形资产		负债合计	
非流动资产合计		所有者权益：	
		实收资本	
		盈余公积	
		未分配利润	
		所有者权益合计	
资产总计		负债及所有者权益总计	

（二）某商业企业为增值税一般纳税企业，适用的增值税税率为 17% 。2012 年有关资料如下：

（1）资产负债表有关账户年初、年末余额和部分账户发生额如下：（单位：万元）

账户名称	年初余额	本年增加	本年减少	年末余额
应收账款	2 340			4 680
应收票据	585			351
交易性金融资产	300		100（出售）	200
应收股利	20	30		10
存货	2 500			2 400
长期股权投资	500	200（以固定资产投资）		700
应付账款	1 755			2 340
应交税费				
应交增值税	250		320（已交） 408（进项税额）	180
应交所得税	30	100		40
短期借款	600	400		700

（2）利润表有关账户本年发生额如下（单位：万元）：

账户名称	借方发生额	贷方发生额
主营业务收入		4 000
主营业务成本	2 500	
投资收益		
现金股利		10
出售交易性金额资产		20

（3）其他有关资料如下：

交易性金融资产均为非现金等价物；出售交易性金融资产已收到现金；应收、应付款项均以现金结算；应收账款变动数中含有本期计提的坏账准备 100 万元。不考虑该企业本年度发生的其他交易和事项。

要求：计算以下项目现金流入和流出（要求列出计算过程）：

（1）销售商品、提供劳务收到的现金（含收到的增值税销项税额）。

（2）购买商品、接受劳务支付的现金（含支付的增值税进项税额）。

（3）支付的各项税费。

（4）收回投资收到的现金。

（5）分得股利或利润收到的现金。

（6）借款收到的现金。

（7）偿还债务支付的现金。

（三）甲股份有限公司为工业企业。该公司2012年有关资料如下：

（1）资产、负债类部分账户年初、年未余额和本年发生额如下：（单位：万元）

账户名称	年初余额		本年发生额		年末余额	
	借方	贷方	借方	贷方	借方	贷方
交易性金融资产	100		500	400	200	
应收票据	300			300		
应收账款（总）	500		3 000	2 800	700	
——甲公司	600		2 500	2 200	900	
——乙公司		100	500	600		200
坏账准备		6		3		9
应收股利			10	10		
原材料	300		2 000	2 200	100	
制造费用			800	800		
生产成本	100		4 000	3 800	300	
库存商品	200		3 800	3 500	500	
固定资产	5 000		400	1 000	4 400	
累计折旧		2 000	800	200		1 400
在建工程	1 000		300		1 300	
短期借款			200	250		50
长期借款		1 000				1 000
应付账款（总）		300	1 300	1 200		200
——丙公司		500	1 200	1 000		300
——丁公司	200		100	200	100	
应付职工薪酬		30	1 160	1 200		70

续表

账户名称	年初余额		本年发生额		年末余额	
	借方	贷方	借方	贷方	借方	贷方
应交税费（总）		55	1 319.3	1 325.3		61
——应交增值税			850	850		
——未交增值税		30	180	200		50
—应交其他税金		25	289.3	275.3		11

（2）损益类部分账户本年发生额如下：（单位：万元）

账户名称	借方发生额	贷方发生额
营业收入		5 000
营业成本	3 500	
营业税金及附加	51	
营业费用	300	
管理费用	500	
财务费用	25	
投资收益		30
营业外支出	20	
所得税	198	

（3）其他有关资料如下：

① 交易性金融资产的取得及出售均为现金结算，且交易性金融资产均不属于现金等价物。

②“制造费用”及“生产成本”科目借方发生额含工资及福利费 1 000 万元、折旧费 180 万元，不含其他摊入的费用。

③“固定资产”科目借方发生额为现金购入的固定资产 400 万元；“在建工程”科目借方发生额含用现金支付的资本化利息费用 30 万元以及用现金支付的出包工程款 270 万元。

④ 应付职工薪酬为生产经营人员的工资及福利费。

⑤“应交税费——应交增值税”科目借方发生额含增值税进项税额 340 万元、已交税金 310 万元、转出未交增值税 200 万元，贷方发生额为销售商品发生的销项税额 850 万元；“应交税费——未交增值税”科目借方发生额为缴纳的增值税 180 万元。

假定："应交税费——应交其他税金"账户的余额变动只与"营业税金及附加"和"所得税"有关，并且两个账户的减少额均已支付现金。

⑥"销售费用"及"管理费用"科目借方发生额含工资及福利费200万元、离退休人员费80万元、计提坏账准备3万元、折旧费20万元、房产税和印花税30万元以及用现金支付的其他费用467万元。

⑦"财务费用"科目借方发生额含票据贴现利息5万元以及用现金支付的其他利息。

⑧"投资收益"科目贷方发生额含出售股票获得的投资收益20万元以及收到的现金股利。

⑨"营业外支出"科目借方发生额为出售固定资产发生的净损失20万元（出售固定资产的原价1 000万元、累计折旧800万元，支付的清理费用30万元，收到的价款210万元）。

⑩假定该公司本期未发生其他交易或事项。

要求：（凡要求计算的项目，均须列出计算过程；计算结果出现小数点的，均应保留小数点后两位小数。）

（1）填列该公司资产负债表所列示项目的年初数和年未数。

资产负债表（部分项目）

编制单位：甲股份有限公司　　2012年12月31日　　单位：万元

资产	年初数	年未数	负债和股东权益	年初数	年未数
应收账款			应付账款		
预付账款			预收账款		
存货					

（2）填列该公司现金流量表所列示项目的金额。

现金流量表（部分项目）

编制单位：甲股份有限公司　　2012年度　　单位：万元

项　目	计算过程	金　额
销售商品、提供劳务收到的现金		
购买商品、接受劳务支付的现金		
支付给职工以及为职工支付的现金		
支付各项税费		
支付的其他与经营活动有关的现金		

续表

项 目	计算过程	金 额
收回投资所收到的现金		
取得投资收益所收到的现金		
处置固定资产所收回的现金净额		
购建固定资产所支付的现金		
投资所支付的现金		
取得借款所收到的现金		
偿还债务所支付的现金		
偿还利息所支付的现金		

第二部分　参考答案

第一章　总　　论

一、单项选择题

1. A　2. B　3. D　4. A　5. C　6. D　7. B　8. C　9. D　10. C　11. C　12. C　13. B　14. D　15. B　16. D　17. C　18. A　19. B　20. A　21. D　22. C　23. C　24. C　25. B

二、多项选择题

1. ABC　2. AD　3. ABD　4. BC　5. ABC　6. ABCE　7. AC　8. DE　9. ABE　10. ABD　11. AB　12. ABCD　13. BCD　14. BC　15. AC　16. BC　17. ABC　18. ABC　19. AB　20. AB

三、判断题

1. √　2. √　3. ×　4. ×　5. √

第二章　货币资金

一、单项选择题

1. A　2. C　3. A　4. D　5. C　6. D　7. A　8. B　9. C　10. A

二、多项选择题

1. ABC　2. CDE　3. ACE　4. ACE　5. ABCDE　6. ABCD

三、判断题

1. ×　2. √　3. ×　4. √　5. ×

四、业务题

1.

（1）借：管理费用　320

　　　贷：库存现金　320

（2）借：库存现金　5 000

　　　贷：银行存款　5 000

（3）借：其他应收款　2 000

　　　贷：库存现金　2 000

（4）借：长期借款　60 000

贷：银行存款　60 000

（5）借：银行存款　80 000

贷：应收账款　80 000

（6）借：管理费用　2 000

贷：银行存款　2 000

（7）借：银行存款　10 000

贷：库存现金　10 000

2.

（1）借：应收账款　234 000

贷：主营业务收入　200 000

应交税费——应交增值税（销项税）　34 000

（2）借：应收票据　234 000

贷：应收账款　234 000

（3）票据到期值 = 23 400 + 234 000 × 5% × 4 ÷ 12 = 237 900（元）

贴现利息 = 票据到期值 × 贴现率 × 贴现期 = 237 900 × 6% × 2 ÷ 12 = 2 379（元）

借：银行存款　235 521

财务费用　2 379

贷：应收票据　237 900

3.

项目	金额	项目	金额
银行存款日记账余额	108 230	银行对账单余额	108 030
加： 银行已收，企业未收的款项	（3） 12 800	加： 企业已收，银行未收的款项	（2） 15 000
减： 银行已付，企业未付的款项	（4） 10 500	减： 企业已付，银行未付的款项	（1） 12 500
调节后存款余额	110 530	调节后存款余额	110 530

4.

（1）借：资产减值损失　50 000

贷：坏账准备　50 000

（2）借：坏账准备　6 000

贷：应收账款　6 000

借：资产减值损失　16 000

贷：坏账准备　16 000

（3）借：应收账款　6 000

贷：坏账准备　6 000

借：银行存款　6 000

贷：应收账款　6 000

（4）借：资产减值损失　10 000

贷：坏账准备　10 000

第三章　存　　货

一、单项选择题

1. A　2. D　3. C　4. D　5. D　6. B　7. B　8. B　9. A　10. D　11. D　12. C　13. C　14. A　15. A

二、多项选择题

1. AC　2. ABCD　3. AB　4. AC　5. ABDE　6. ABC　7. BC　8. ABC　9. AB　10. BCD

三、判断题

1. ×　2. √　3. √　4. √　5. ×

四、业务题

1.

（1）假定发票等结算凭证已经收到，货款已通过银行转账支付，材料已运到并已验收入库（单料同到）

据此，甲企业的账务处理如下：

借：原材料　200 000

应交税费——应交增值税（进项税额）　34 000

贷：银行存款　234 000

（2）假定购入材料的发票等结算凭证已收到，货款已经银行转账支付，但材料尚未运到（单到料未到）

则甲企业应于收到发票等结算凭证时进行如下账务处理：

借：在途物资　200 000

应交税费——应交增值税（进项税额）　34 000

贷：银行存款　234 000

在上述材料到达入库时，进行如下账务处理：

借：原材料　200 000

贷：在途物资　200 000

(3) 假定购入的材料已经运到，并已验收入库，但发票等结算凭证尚未收到，货款尚未支付。5 月末，甲企业应按暂估价入账，假定其暂估价为 180 000 元（料到单未到）

应进行如下账务处理：

借：原材料　180 000

　　贷：应付账款——暂估应付账款　180 000

6 月初将上述会计分录原账冲回：

借：应付账款——暂估应付账款　180 000

　　贷：原材料　180 000

在收到发票等结算凭证，并支付货款时：

借：原材料　200 000

　　应交税费——应交增值税（进项税额）　34 000

　　贷：银行存款　234 000

2.

（1）发出委托加工材料

借：委托加工物资　20 000

　　贷：原材料　20 000

（2）支付加工费用和税金消费税组成计税价格 =（20 000 + 7 000）÷（1 − 10%）= 30 000（元）

受托方代收代交的消费税税额 = 30 000 × 10% = 3 000（元）

应交增值税税额 = 7 000 × 17% = 1 190（元）

① 甲企业收回加工后的材料用于连续生产应税消费品时：

借：委托加工物资　7 000

　　应交税费——应交增值税（进项税额）　1 190

　　　　　　——应交消费税　3 000

　　贷：银行存款　11 190

② 甲企业收回加工后的材料直接用于销售时：

借：委托加工物资　10 000（7 000 + 3 000）

　　应交税费——应交增值税（进项税额）　1 190

　　贷：银行存款　11 190

（3）加工完成，收回委托加工材料

① 甲企业收回加工后的材料用于连续生产应税消费品时

借：原材料　27 000（20 000 + 7 000）

　　贷：委托加工物资　27 000

② 甲企业收回加工后的材料直接用于销售时

借：原材料（或库存商品）　30 000（20 000 + 10 000）

　　贷：委托加工物资　30 000

3.

10 日单价：（1 000 + 20 800）/（20 + 400）= 51.90（元）

15 日销售成本：380 × 51.90 = 19 722（元）

20 日单价：（2 078 + 26 500）/（40 + 500）= 52.92（元）

25 日销售成本：400 × 52.92 = 21 168（元）

月末结存额：2 078 + 26 500 − 21 168 = 7 410（元）

4.

（1）预付款项时

借：预付账款——K 公司　20 000

　　贷：银行存款　20 000

（2）收到材料时

借：原材料——甲材料 30 000

　　应交税费——应交增值税（进项税额）　5 100

　　贷：预付账款——K 公司　35 100

（3）补付货款时

借：预付账款——K 公司　15 100

　　贷：银行存款　15 100

5.

（1）借：材料采购　20 000

　　　　应交税费——应交增值税（进项税额）　3 400

　　　　贷：银行存款　23 400

（2）借：材料采购　10 000

　　　　应交税费——应交增值税（进项税额）　1 700

　　　　贷：银行存款　11 700

（3）暂不进行会计处理

（4）借：材料采购　35 000

　　　　应交税费——应交增值税（进项税额）　5 950

　　　　贷：银行存款　40 950

（5）借：材料采购　3 000

　　　　应交税费——应交增值税（进项税额）　510

　　　　贷：应付票据　3 510

（6）借：原材料　53 800

　　　　贷：材料采购　53 800

（7）借：材料成本差异　4 200

　　　　贷：材料采购　4 200

计算本月材料成本差异率如下：

本月材料成本差异率 =（4 200 - 2 600）/（26 200 + 53 800）= 2%

发出材料时：

借：生产成本　10 000

　　制造费用　3 000

　　管理费用　7 000

　　销售费用　1 000

　　其他业务成本　4 000

　　贷：原材料　25 000

分配材料成本差异时：

借：生产成本　200

　　制造费用　60

　　管理费用　140

　　销售费用　20

其他业务成本　80

　　贷：材料成本差异　500

6.

借：待处理财产损益　3 795

　　存货跌价准备　300

　　贷：原材料　3 500

　　应交税费——应交增值税（进项税额转出）　595

若材料处置收入为 3 000 元，现金收讫，如没发生相关费用，则企业应编制以下分录：

借：现金　3 000

　　管理费用　200

　　贷：待处理财产损益　3 795

第四章　固定资产

一、单项选择题

1. C　2. B　3. A　4. C　5. B　6. B　7. B　8. D　9. D　10. B　11. A　12. A

13. B　14. B　15. B　16. B　17. B　18. A　19. C　20. A

二、多项选择题

1. ABC　2. ABCD　3. CD　4. ABCD　5. ABD　6. AC　7. ABCDE　8. AD　9. ABD　10. ABCDE　11. AC　12. ABCD　13. ABCD　14. AC　15. ABCD

三、判断题

1. ×　2. ×　3. √　4. √　5. ×　6. √　7. √　8. ×　9. ×　10. ×

四、业务题

1.

（1）三台设备的总成本 = 7 800 000 + 42 000 = 7 842 000（元）

A 设备的入账价值 = 7 842 000 × ［2 926 000 ÷（2 926 000 + 3 594 800 + 1 839 200）］
= 2 744 700（元）

B 设备的入账价值 = 7 842 000 × ［3 594 800 ÷（2 926 000 + 3 594 800 + 1 839 200）］
= 3 372 060（元）

C 设备的入账价值 = 7 842 000 × ［1 839 200 ÷（2 926 000 + 3 594 800 + 1 839 200）］
= 1 725 240（元）

（2）借：固定资产——A 设备　2 744 700
　　　　　　　——B 设备　3 372 060
　　　　　　　——C 设备　1 725 240
　　　应交税费——应交增值税（进项税额）　1 326 000
　　　贷：银行存款　9 168 000

2.

双倍直线折旧率 = 2 ÷ 5 × 100% = 40%

第一年应提的折旧额 = 8 000 000 × 40% = 3 200 000（元）

第二年应提的折旧额 =（8 000 000 − 3 200 000）× 40% = 1 920 000（元）

第三年应提的折旧额 =（4 800 000 − 1 920 000）× 40% = 1 152 000（元）

第四年、第五年应提的折旧额 =（1 728 000 − 200 000）÷ 2 = 764 000（元）

第一年至第五年各年计提折旧分录如下：

借：制造费用　3 200 000
　贷：累计折旧　3 200 000

借：制造费用　1 920 000

　　贷：累计折旧　1 920 000
借：制造费用　1 152 000
　　贷：累计折旧　1 152 000
借：制造费用　764 000
　　贷：累计折旧　764 000
借：制造费用　764 000
　　贷：累计折旧　764 000

3.

（1）购入为工程准备的物资
借：工程物资　234 000
　　贷：银行存款　234 000
（2）工程领用物资
借：在建工程——仓库　210 600
　　贷：工程物资　210 600
（3）工程领用原材料
借：在建工程——仓库　35 100
　　贷：原材料　30 000
　　　　应交税费——应交增值税（进项税额转出）　5 100
（4）分配工程施工人员工资
借：在建工程——仓库　50 000
　　贷：应付职工薪酬　50 000
（5）辅助生产车间为工程提供劳务成本的结转
借：在建工程——仓库　10 000
　　贷：生产成本——辅助生产成本　10 000
（6）工程达到预定可使用状态
固定资产的入账价值 = 210 600 + 35 100 + 50 000 + 10 000 = 305 700（元）
借：固定资产——仓库　305 700
　　贷：在建工程——仓库　305 700
（7）剩余工程物资转作原材料
借：原材料　20 000
　　应交税费——应交增值税（进项税额）　3 400
　　贷：工程物资　23 400

4.

（1）甲公司2010年度与购建生产线有关的会计分录

2010 年 9 月 30 日购入时

借：在建工程　432 000

　　应交税费——应交增值税（进项税额）　68 000

　　贷：银行存款　500 000

安装时领用本公司产品一批

借：在建工程　40 000

　　贷：库存商品　40 000

分配安装人员工资及支付其他费用

借：在建工程　34 400

　　贷：应付职工薪酬　18 000

　　　　银行存款　16 400

2010 年 12 月 31 日，工程安装结束投入使用

该工程成本 =432 000 +40 000 +34 400 =506 400（元）

借：固定资产　506 400

　　贷：在建工程　506 400

（2）甲公司 2011 年度计提折旧的会计分录

双倍直线折旧率 =2 ÷5 ×100% =40%

2011 年应计提的折旧额 =506 400 ×40% =202 560（元）

借：制造费用　202 560

　　贷：累计折旧　202 560

（3）甲公司 2012 年度计提折旧及出售该生产线的会计分录

2012 年应计提的折旧额 =（506 400 -202 560） ×40% =121 536（元）

借：制造费用　121 536

　　贷：累计折旧　121 536

出售该生产线的会计分录

借：固定资产清理　182 304

　　累计折旧　324 096

　　贷：固定资产　506 400

借：固定资产清理　30 000

　　贷：银行存款　30 000

借：银行存款　50 000

　　贷：固定资产清理　50 000

借：营业外支出　162 304

　　贷：固定资产清理　162 304

5.

（1）借：固定资产清理 360 000

累计折旧 140 000

贷：固定资产 500 000

（2）借：固定资产清理 600

贷：银行存款 600

（3）借：银行存款 320 000

贷：固定资产清理 320 000

（4）借：固定资产清理 16 000

贷：应交税费——应交营业税 16 000

（5）借：营业外支出 56 600

贷：固定资产清理 56 600

6.

（1）2012 年 9 月 5 日，固定资产转入改扩建：

借：在建工程 6 500 000

累计折旧 500 000

固定资产减值准备 2 000 000

贷：固定资产 9 000 000

领用工程物资和原材料：

借：在建工程 3 585 000

贷：工程物资 3 000 000

原材料 500 000

应交税费——应交增值税（进项税额转出） 85 000

发生改扩建人员工资：

借：在建工程 800 000

贷：应付职工薪酬 800 000

支付其他费用：

借：在建工程 615 000

贷：银行存款 615 000

2012 年 12 月 20 日达到预定可使用状态：

改扩建后固定资产的入账价值 = 6 500 000 + 3 585 000 + 800 000 + 615 000 = 11 500 000（元）

借：固定资产 11 500 000

贷：在建工程 11 500 000

（2）2013 年、2014 年应计提的折旧额均为：（11 500 000 － 500 000）÷10 = 1 100 000（元）

第五章　无 形 资 产

一、单项选择题

1. D　2. C　3. C　4. C　5. B　6. A　7. B　8. A　9. C　10. D　11. D　12. A　13. C　14. D　15. D　16. A　17. D　18. A

二、多项选择题

1. BCD　2. ACD　3. ABD　4. ACD　5. BCD　6. ABDE　7. ACD　8. AB　9. ABCE　10. ADE　11. BC　12. ACD　13. BCDE

三、判断题

1. ×　2. ×　3. ×　4. √　5. ×　6. √　7. ×　8. ×

四、业务题

1.

（1）购入专利权

借：无形资产——专利权　1 800 000

　　贷：银行存款　1 800 000

（2）专利权年摊销额 = 1 800 000 ÷ 10 = 180 000（元）

借：管理费用　180 000

　　贷：累计摊销　180 000

（3）转让专利权的净损益 = 1 200 000 － 1 200 000 × 5% －（1 800 000 － 2 × 180 000）＝ －300 000（元）

借：银行存款　1 200 000

　　累计摊销　360 000

　　营业外支出　300 000

　　贷：无形资产——专利权　1 800 000

　　　　应交税费——应交营业税　60 000

2.

乙企业 2008 年会计分录

（1）发生研发支出：

借：研发支出——费用化支出　1 500 000

　　　　　　——资本化支出　3 800 000

　　贷：原材料　4 000 000

　　　　应付职工薪酬　800 000

银行存款 500 000

（2）期末将费用化支出转入管理费用

借：管理费用 1 500 000

贷：研发支出——费用化支出 1 500 000

乙企业2009年会计分录

（1）发生研发支出：

借：研发支出——费用化支出 300 000

——资本化支出 2 500 000

贷：原材料 1 800 000

应付职工薪酬 600 000

银行存款 400 000

（2）2009年10月，该专利技术已经达到预定用途：

借：管理费用 300 000

无形资产——专利技术 6 300 000

贷：研发支出——费用化支出 300 000

——资本化支出 6 300 000

3.

（1）2007年1月1日购入时

借：无形资产 5 000 000

贷：银行存款 5 000 000

2007年12月31日摊销时（500万÷10＝50万元）

借：管理费用 500 000

贷：累计摊销 500 000

2008年12月31日摊销时

借：管理费用 500 000

贷：累计摊销 500 000

2009年12月31日摊销时

借：管理费用 500 000

贷：累计摊销 500 000

2010年12月31日摊销时

借：管理费用 500 000

贷：累计摊销 500 000

2011年12月31日摊销时

借：管理费用 500 000

贷：累计摊销　500 000

2011 年年末计提减值准备前该无形资产的账面价值 = 500 − 5 × 50 = 250（万元）

2011 年年末该无形资产的可收回金额 = 200（万元）

故，2011 年末应计提无形资产减值准备 = 250 − 200 = 50（万元）

借：资产减值损失——计提的无形资产减值准备　500 000

贷：无形资产减值准备　500 000

2011 年年末计提减值准备后该无形资产的账面价值 = 250 − 50 = 200（万元）

2012 年 12 月 31 日摊销时（200 万 ÷ 5 = 40 万元）

借：管理费用　400 000

贷：累计摊销　400 000

（2）2012 年年末该无形资产账面余额为 500 万元

2012 年年末该无形资产的账面价值为：200 − 40 = 160（万元）

第六章　投资性房地产

一、单项选择题

1. C　2. B　3. A　4. B　5. C　6. B　7. C　8. A　9. D　10. A　11. C　12. C　13. C

二、多项选择题

1. ABCD　2. AC　3. BC　4. BC　5. BD　6. ABD　7. CD　8. CD　9. BD　10. AB　11. AD　12. ABCD　13. BC　14. ABCD　15. AB

三、判断题

1. ×　2. √　3. √　4. √　5. ×　6. ×　7. ×　8. √　9. ×　10. ×　11. ×　12. ×　13. ×　14. ×　15. ×　16. ×　17. ×　18. √　19. ×

四、业务题

1.

（1）领用原材料

借：在建工程　11 700

贷：原材料　10 000

应交税费——应交增值税（进项税额转出）　1 700

（2）辅助生产车间为该工程提供劳务

借：在建工程　30

贷：生产成本——辅助生产成本　30

（3）计提工程人员工资以及福利费

借：在建工程　50

贷：应付职工薪酬 50

（4）工程达到预定可使用状态交付使用

借：投资性房地产 11 780

贷：在建工程 11 780

（5）2012 年度计提投资性房地产折旧

借：其他业务成本 294

贷：投资性房地产累计折旧 294

（6）2012 年度收取租金收入

借：银行存款 400

贷：其他业务收入 400

2.

（1）2011 年 1 月 1 日

借：投资性房地产——成本 2 100

累计折旧 400

贷：固定资产 2 400

资本公积——其他资本公积 100

（2）2011 年 12 月 31 日

借：银行存款 150

贷：其他业务收入 150

借：投资性房地产——公允价值变动 100

贷：公允价值变动损益 100

（3）2012 年 12 月 31 日

借：银行存款 150

贷：其他业务收入 150

借：公允价值变动损益 50

贷：投资性房地产——公允价值变动 50

（4）2013 年 12 月 31 日

借：银行存款 150

贷：其他业务收入 150

借：公允价值变动损益 150

贷：投资性房地产——公允价值变动 150

（5）2014 年 1 月 5 日

借：银行存款 2 100

贷：其他业务收入 2 100

借：其他业务成本　2 000

投资性房地产——公允价值变动　100

贷：投资性房地产——成本　2 100

借：资本公积——其他资本公积　100

贷：其他业务收入　100

借：其他业务收入　100

贷：公允价值变动损益　100

3.

（1）该办公楼转换前的账面价值 = 3 000 - 600 - 50 = 2 350（万元），公允价值 2 200 万元，小于账面价值 2 350 万元的差额计入公允价值变动损益。其会计处理为：

借：投资性房地产——成本　2 200

累计折旧　600

固定资产减值准备　50

公允价值变动损益　150

贷：固定资产　3 000

（2）转换当日该办公楼的公允价值为 2 500 万元，则其公允价值大于账面价值的差额计入资本公积。其会计处理为：

借：投资性房地产——成本　2 500

累计折旧　600

固定资产减值准备　50

贷：固定资产　3 000

资本公积——其他资本公积　150

4.

借：固定资产　50 000 000

投资性房地产累计折旧　12 350 000

贷：投资性房地产　50 000 000

累计折旧　12 350 000

5.

借：投资性房地产　450 000 000

累计折旧　3 000 000

贷：固定资产　450 000 000

投资性房地产累计折旧　3 000 000

6.

借：固定资产　48 000 000

　　贷：投资性房地产——写字楼（成本）　45 000 000

　　　　　　　　　　——写字楼（公允价值变动）　2 500 000

　　　　公允价值变动损益　500 000

7.

（1）

借：投资性房地产——职工餐厅（成本）　900

　　累计折旧　2 000

　　公允价值变动损益　100

　　贷：固定资产　3 000

（2）

借：银行存款　300

　　贷：其他业务收入　300

借：营业税金及附加　25（500 × 5%）

　　贷：应交税费——应交营业税　25

（3）

借：投资性房地产——职工餐厅（公允价值变动）　300

　　贷：公允价值变动损益　300

（4）

借：投资性房地产——职工餐厅（公允价值变动）　600

　　贷：公允价值变动损益　600

8.

（1）2012 年 4 月 15 日

借：投资性房地产——× ×写字楼（成本）　410 000 000

　　公允价值变动损益　40 000 000

　　贷：开发产品　450 000 000

（2）2012 年 12 月 31 日

借：投资性房地产——× ×写字楼（公允价值变动）　20 000 000

　　贷：公允价值变动损益　20 000 000

（3）2013 年 6 月，出售时

借：银行存款　460 000 000

　　贷：其他业务收入　460 000 000

借：其他业务成本　430 000 000

贷：投资性房地产——××写字楼（成本）　410 000 000

——××写字楼（公允价值变动）　20 000 000

同时，将投资性房地产累计公允价值变动转入其他业务收入

公允价值变动减值40 000 000元－公允价值变动增值20 000 000元＝公允价值变动减值20 000 000元

借：其他业务收入　20 000 000

贷：公允价值变动损益　20 000 000

第七章　金融资产

一、单项选择题

1. A　2. B　3. D　4. C　5. D　6. B　7. D　8. B　9. A　10. C　11. D　12. A　13. B　14. B　15. A　16. C　17. D　18. D　19. A

二、多项选择题

1. ABCD　2. AC　3. ABD　4. ACD　5. ABD　6. AD　7. BD　8. ABC　9. ACD　10. BD

三、判断题

1. ×　2. ×　3. ×　4. ×　5. ×　6. ×　7. ×　8. ×

四、业务题

1.

（1）借：交易性金融资产——A公司股票（成本）　160 000

投资收益　1 000

贷：银行存款　161　000

（2）借：应收股利　4 000

贷：投资收益　4 000

（3）借：交易性金融资产——A公司股票（成本）　900 000

应收股利　20 000

投资收益　6 000

贷：银行存款　926 000

（4）借：银行存款　20 000

贷：应收股利　20 000

（5）公允价值变动损益＝（160 000＋900 000）－16.4×60 000＝76 000（元）

借：公允价值变动损益　76 000

贷：交易性金融资产——A公司股票（公允价值变动）　76 000

（6）借：银行存款　515 000

交易性金融资产——A 公司股票（公允价值变动）　38 000

贷：交易性金融资产——A 公司股票（成本）　530 000

投资收益　23 000

借：投资收益　38 000

贷：公允价值变动损益　38 000

（7）公允价值变动损益 = 18 × 30 000 - [（160 000 + 900 000 - 530 000）-（76 000 - 38 000）] = 48 000(元)

借：交易性金融资产——A 公司股票（公允价值变动）　48 000

贷：公允价值变动损益　48 000

2.

（1）2013 年 1 月 5 日取得交易性金融资产

借：交易性金融资产——成本　2 000

应收利息　60

投资收益　40

贷：银行存款　2 100

（2）1 月 15 日收到 2012 年下半年的利息 60 万元

借：银行存款　60

贷：应收利息　60

（3）3 月 31 日，该债券公允价值为 2 200 万元

借：交易性金融资产——公允价值变动　200

贷：公允价值变动损益　200

（4）3 月 31 日，按债券票面利率计算利息

借：应收利息　30（2 000 ×6% ×3/12）

贷：投资收益　30

（5）6 月 30 日，该债券公允价值为 1 960 万元

借：公允价值变动损益　240（2 200 - 1 960）

贷：交易性金融资产——公允价值变动　240

（6）6 月 30 日，按债券票面利率计算利息

借：应收利息　30（2 000 ×6% ×3/12）

贷：投资收益　30

（7）7 月 15 日收到 2013 年上半年的利息 60 万元

借：银行存款　60

贷：应收利息　60

（8）8 月 15 日，将该债券处置

借：银行存款 2 400

交易性金融资产——公允价值变动 40

贷：交易性金融资产——成本 2 000

投资收益 400

公允价值变动损益 40

3.

（1）2012 年 1 月 1 日购买债券时：

借：持有至到期投资——成本 1 100

贷：银行存款 1 010

持有至到期投资——利息调整 90

2012 年 12 月 31 日确认投资收益：

借：应收利息 33（1 100 ×3%）

持有至到期投资——利息调整 27.60

贷：投资收益 60.60（1 010 ×6%）

（2）2013 年收到利息和确认投资收益的会计分录：

2013 年 1 月 5 日收到上年利息：

借：银行存款 33

贷：应收利息 33

2013 年 12 月 31 日确认投资收益：

借：应收利息 33

持有至到期投资——利息调整 29.26

贷：投资收益 62.26（1 010 +27.60）×6%

（3）2014 年相关会计分录：

1 月 5 日收到上年利息：

借：银行存款 33

贷：应收利息 33

2014 年 12 月 31 日确认投资收益：

借：应收利息 33

持有至到期投资——利息调整 33.14（90 －27.60 －29.26）

贷：投资收益 66.14

借：银行存款 1 133

贷：持有至到期投资——成本 1 100

应收利息 33

4.

（1）2013 年 1 月 1 日购入时

借：持有至到期投资——成本　100

　　　　　　　　　——利息调整　6

　贷：银行存款　106

（2）2013 年 12 月 31 日计算应收利息和确认利息收入

① 该债券名义利率 =10%，年应收利息 = 票面金额 100 万元 × 票面利率 10% =10（万元）。

② 该债券的实际利率 $r=7.6889\%$。

③ 计算利息收入（实际利率法）

项　目	应收利息	利息收入	利息调整摊销额	本金（摊余成本）
	① = 面值 × 票面利率	② = 上一期④ × 实际利率	③ = ① - ②	④ = 上一期④ - ③
2013. 1. 1				106
2013. 12. 31	10	8. 15	1. 85	104. 15
2014. 12. 31	10	8. 01	1. 99	102. 16
2015. 12. 31	10	7. 84	2. 16	100
合计	30	24	6	

借：应收利息　10

　贷：投资收益　8. 15

　　持有至到期投资——利息调整　1. 85

借：银行存款　10

　贷：应收利息　10

（3）2014 年 12 月 31 日计算应收利息和确认利息收入

借：应收利息　10

　贷：投资收益　8. 01

　　持有至到期投资——利息调整　1. 99

借：银行存款　10

　贷：应收利息　10

（4）2015 年 12 月 31 日计算应收利息和确认利息收入，收回本金

借：应收利息　10

　贷：投资收益　7. 84

持有至到期投资——利息调整　2.16

借：银行存款　110

贷：持有至到期投资——成本　100

应收利息　10

5.

（1）编制上述经济业务的会计分录。

① 2012 年 5 月 1 日购入时

借：可供出售金融资产——成本　490

贷：银行存款　490

② 2012 年 6 月 30 日

借：资本公积——其他资本公积　40（490 - 60 × 7.5）

贷：可供出售金融资产——公允价值变动　40

③ 2012 年 8 月 10 日宣告分派时

借：应收股利　12（0.20 × 60）

贷：投资收益　12

④ 2012 年 8 月 20 日收到股利时

借：银行存款　12

贷：应收股利　12

⑤ 2012 年 12 月 31 日

借：可供出售金融资产——公允价值变动　60（60 × 8.5 - 450）

贷：资本公积——其他资本公积　60

⑥ 2013 年 1 月 3 日处置

借：银行存款　515

资本公积——其他资本公积　20

贷：可供出售金融资产——成本　490

——公允价值变动　20

投资收益　25

（2）计算该可供出售金融资产的累计损益。

该可供出售金融资产的累计损益 = 12 + 25 = 37（万元）。

6.

（1）借：可供出售金融资产——成本　1 210 000

贷：银行存款　1 210 000

（2）借：应收股利　50 000

贷：可供出售金融资产——成本　50 000

（3）借：银行存款　50 000

　　贷：应收股利　50 000

（4）借：资本公积——其他资本公积　60 000

　　贷：可供出售金融资产——公允价值变动　60 000

（5）借：资产减值损失　210 000

　　贷：资本公积——其他资本公积　60 000

　　　　可供出售金融资产——公允价值变动　150 000

（6）借：可供出售金融资产——公允价值变动　200 000

　　贷：资本公积——其他资本公积　200 000

第八章　长期股权投资

一、单项选择题

1. D　2. D　3. D　4. A　5. B　6. C　7. C　8. B　9. A　10. C　11. D　12. B　13. C　14. B　15. A　16. C　17. C　18. A　19. B　20. A

二、多项选择题

1. ABD　2. AC　3. ACD　4. ABD　5. AB　6. ABC　7. ABD　8. AD　9. BD　10. AB　11. ABD　12. AC

三、判断题

1. ×　2. ×　3. ×　4. ×　5. √　6. ×　7. √　8. √　9. ×

四、业务题

1.

同一控制下企业合并形成的长期股权投资，应在合并日按取得被合并方所有者权益账面价值的份额，作为长期股权投资初始成本，因此长期股权投资初始成本 = 1 000 × 70% = 700（万元）。

借：长期股权投资——乙公司（1 000 × 70%）　700

　　贷：银行存款　600

　　　　资本公积——股本溢价　100

2.

借：固定资产　2 800

　　贷：累计折旧　800

　　　　固定资产清理　2 000

借：长期股权投资　900（1 500 × 60%）

　　资本公积——股本溢价　800

　　盈余公积　300

贷：固定资产清理　2 000

3.

（1）2011 年 1 月 1 日

借：长期股权投资——B 公司　1 000

　　贷：银行存款　1 000

（2）2011 年 5 月 2 日

借：应收股利　160（200×80%）

　　贷：长期股权投资——B 公司　160

借：银行存款　160

　　贷：应收股利　160

（3）2012 年 5 月 2 日

2012 年应收股利 = 600×80% = 480（万元）

2012 年应收股利累计数 = 160 + 480 = 640（万元）

2012 年应得净利累计数 = 0 + 400×80% = 320（万元）

应累计冲减的投资成本 = 640 − 320 = 320（万元），以前已经冲减 160 万元，所以这里需要再冲减 160 万元。

借：应收股利　480

　　贷：投资收益　320

　　　　长期股权投资——B 公司　160

借：银行存款　480

　　贷：应收股利　480

（4）2013 年 5 月 2 日

2013 年应收股利 = 400×80% = 320（万元）

2013 年应收股利累计数 = 160 + 480 + 320 = 960（万元）

2013 年应得净利累计数 = 0 + 400×80% + 600×80% = 800（万元）

应累计冲减的投资成本 = 960 − 800 = 160（万元），以前已经冲减 320 万元，所以这里需要恢复 160 万元。

借：应收股利　320

　　长期股权投资——B 公司　160

　　贷：投资收益　480

借：银行存款　320

　　贷：应收股利　320

4.

（1）甲上市公司对乙企业投资时：

借：长期股权投资——乙公司（成本）　468

　　贷：主营业务收入　400

　　　　应交税费——应交增值税（销项税额）　68

借：主营业务成本　360

　　贷：库存商品　360

（2）2013 年乙企业实现净利润 1 200 万元：

借：长期股权投资——乙公司（损益调整）　240（1 200 × 20%）

　　贷：投资收益　240

（3）2014 年乙企业发生亏损 4 400 万元，应确认亏损 = 4 400 × 20% = 880（万元），而此时长期股权投资的账面价值 = 468 + 240 = 708（万元），另甲企业账上有应收乙企业长期应收款 160 万元，所以应做如下分录：

借：投资收益　708

　　贷：长期股权投资——乙公司（损益调整）　708

借：投资收益　160

　　贷：长期应收款　160

经过上述处理后，仍有未确认的亏损 12 万元（880 − 708 − 160），应在账外备查登记。

（4）2015 年乙企业实现净利润 2 000 万元，应确认收益 = 2000 × 20% = 400（万元），先冲减未确认的亏损额 12 万元，然后恢复长期应收款 160 万元，再确认收益 = 400 − 12 − 160 = 228（万元）。

借：长期应收款　160

　　贷：投资收益　160

借：长期股权投资——乙公司（损益调整）　228

　　贷：投资收益　228

5.

（1）2012 年 1 月 2 日投资时

借：长期股权投资——乙公司（成本）　5 400

　　贷：银行存款　5 400

借：长期股权投资——乙公司（成本）　400

　　贷：营业外收入　400

（2）2012 年乙公司实现净利润 1 600 万元

借：长期股权投资——乙公司（损益调整）　320

　　贷：投资收益　320（1 600 × 20%）

（3）2013 年 4 月乙公司宣告分配 2012 年现金股利 600 万元：

借：应收股利 120（600×20%）

贷：长期股权投资——乙公司（损益调整） 120

（4）2013 年乙公司发生净亏损 200 万元：

借：投资收益 40（200×20%）

贷：长期股权投资——乙公司（损益调整） 40

（5）2014 年 1 月 1 日出售 10% 股权：

借：银行存款 3 600

贷：长期股权投资——乙公司（成本） 2 900[（5 400+400）×50%]

——乙公司（损益调整）80[（320－120－40）×50%]

投资收益 620

第九章 流动负债

一、单项选择题

1. B 2. D 3. C 4. C 5. D 6. C 7. B 8. B 9. B 10. B 11. D 12. D

二、多项选择题

1. ABCD 2. CBD 3. ABD 4. BD 5. ACD 6. ABD 7. ABD 8. ABD

三、判断题

1. √ 2. × 3. √ 4. × 5. √ 6. ×

四. 业务题（答案中的金额单位用万元表示）

1.

（1）借：生产成本 100

制造费用 20

管理费用 30

销售费用 10

在建工程 5

研发支出 35

贷：应付职工薪酬——工资 200

（2）① 计提医疗保险费

借：生产成本 10

制造费用 2

管理费用 3

销售费用 1

在建工程 0.5

研发支出 3.5

贷：应付职工薪酬——医疗保险费　20

② 计提养老保险费

借：生产成本　12

制造费用　2.4

管理费用　3.6

销售费用　1.2

在建工程　0.6

研发支出　4.2

贷：应付职工薪酬 ——养老保险费　24

③ 计提失业保险费

借：生产成本　2

制造费用　0.4

管理费用　0.6

销售费用　0.2

在建工程　0.1

研发支出　0.7

贷：应付职工薪酬——失业保险费　4

④ 计提住房公积金

借：生产成本　10.5

制造费用　2.1

管理费用　3.15

销售费用　1.05

在建工程　0.525

研发支出　3.675

贷：应付职工薪酬 ——住房公积金　21

(3) 按照工资总额的2%和2.5%计提工会经费和职工教育经费。

借：生产成本　2

制造费用　0.4

管理费用　0.6

销售费用　0.2

在建工程　0.1

研发支出　0.7

贷：应付职工薪酬 ——工会经费　4

借：生产成本　2.5

制造费用　0.5

管理费用　0.75

销售费用　0.25

在建工程　0.125

研发支出　0.875

贷：应付职工薪酬——工资　5

2.

（1）借：管理费用　2

贷：应付职工薪酬——非货币性福利　2

借：应付职工薪酬——非货币性福利　2

贷：累计折旧　2

（2）借：管理费用　12

贷：应付职工薪酬——非货币性福利　12

借：应付职工薪酬——非货币性福利　12

贷：银行存款　12

3.

借：生产成本　500

制造费用　100

管理费用　180

销售费用　50

在建工程　110

研发支出　60

贷：应付职工薪酬——工资　1000

4. ① 将自产的液晶彩电发给职工

借：生产成本　278.46

管理费用　49.14

贷：应付职工薪酬——非货币性福利　327.6

借：应付职工薪酬——非货币性福利　327.6

贷：主营业务收入　280

应缴税费——应交增值税（销项税额）　47.6

借：主营业务成本　200

贷：库存商品——液晶彩电　200

② 将外购的电暖器发给员工

借：生产成本　17

管理费用　3

贷：应付职工薪酬——非货币性福利　20

借：应付职工薪酬——非货币性福利　20

贷：银行存款　20

5.

借：生产成本　278.46

管理费用　49.14

贷：应付职工薪酬——非货币性福利　327.6

借：应付职工薪酬——非货币性福利　327.6

贷：主营业务收入　280

应缴税费——应交增值税（销项税额）　47.6

借：主营业务成本　200

贷：库存商品 ——液晶显示器　200

6.

（1）借：管理费用　6

贷：应付职工薪酬　6

（2）借：管理费用　10

贷：应付职工薪酬——非货币性福利　10

借：应付职工薪酬——非货币性福利　10

贷：累计折旧　10

（3）借：生产成本　625

制造费用　75

管理费用　100

销售费用　50

贷：应付职工薪酬——工资　850

（4）借：生产成本　117

管理费用　23.4

销售费用　58.5

贷：应付职工薪酬——非货币性福利　198.9

借：应付职工薪酬——非货币性福利　198.9

贷：主营业务收入　170

应缴税费——应交增值税（销项税额）　28.9

借：主营业务成本　119

贷：库存商品 ——液晶电视　119

(5) 借：应付职工薪酬　4
　　贷：应缴税费——应交个人所得税　4
(6) 借：应付职工薪酬——职工福利　5
　　贷：库存现金　5
(7) 借：应付职工薪酬——工资　4
　　贷：其他应收款——代垫医疗费　4

第十章　长期负债

一、单项选择题

1. A　2. D　3. D　4. B　5. B　6. C　7. C　8. B　9. D

二、多项选择题

1. ACD　2. CD　3. BC　4. ABDE　5. ADE　6. ABCD　7. ABCD

三、判断题

1. √　2. √　3. √　4. ×　5. √

四、业务题

1.

(1) 2013 年 1 月 1 日取得借款

借：银行存款　800 000
　　贷：长期借款——本金　800 000

6 月 30 日应计提上半年利息 = 800 000 × 10% ÷ 2 = 40 000（元）

借：在建工程　40 000
　　贷：应付利息　40 000

12 月 31 日计提下半年利息

借：在建工程　40 000
　　贷：应付利息　40 000

(2) 2013 年 4 月 1 日收到发行债券价款

借：银行存款　1 000 000
　　贷：应付债券——面值　1 000 000

12 月 31 日应计提债券利 = 1 000 000 × 8% × 9 ÷ 12 = 60 000（元）

借：在建工程　60 000
　　贷：应付债券——应计利息　60 000

2.

发行债券收到款项

借：银行存款　1 052 400

财务费用——债券发行费用　7600（债券发行费用较小的可直接计入当期财务费用）

贷：应付债券 ——债券面值　1 000 000

应付债券——债券溢价　60 000

计付利息和摊销溢价

（1）借：财务费用　40 000

应付债券——债券溢价　10 000

贷：应付债券——应计利息　50 000

（2）借：应付债券——应计利息　50 000

贷：银行存款　50 000

债券到期时还本

借：应付债券 ——债券面值　1 000 000

贷：银行存款　1 000 000

3.（1）

		2007 年年末	2008 年年末	2009 年年末	2010 年年末
摊余成本	面值	8 000	8 000	8 000	8 000
	利息调整	245	167. 62	85. 87	0
	合计	7 755	7 832. 38	7 914. 13	8 000
资本化或费用化的利息金额			437. 38	441. 75	445. 87
利息调整的本年摊销额			77. 38	81. 75	85. 87
应付利息			360	360	360

（2）债券发行

借：银行存款　7 755

应付债券——利息调整　245

贷：应付债券——面值　8 000

2008 年 12 月 31 日：

借：在建工程　437. 38

贷：应付债券——利息调整　77. 38

应付利息　360

2010 年 12 月 31 日：

借：财务费用　445. 87

贷：应付债券——利息调整　85. 87

应付利息　360

2011 年 1 月 10 日：

借：应付利息　360

　　应付债券——面值　8 000

　　贷：银行存款　8 360

第十一章　所有者权益

一、单项选择题

1. B　2. C　3. A　4. C　5. D　6. C　7. D　8. D　9. C

二、多项选择题

1. ABC　2. BCD　3. BC　4. ABD　5. ABCD　6. ABCD　7. BC　8. ABC

三、判断题

1. ×　2. ×　3. √　4. ×　5. ×　6. ×　7. √　8. √

四、业务题

（1）借：资本公积——其他资本公积　90 000

　　　　贷：实收资本——甲公司　30 000

　　　　　　实收资本——乙公司　30 000

　　　　　　实收资本——丙公司　30 000

（2）借：盈余公积——法定盈余公积　50 000

　　　　贷：利润分配——盈余公积补亏　50 000

（3）借：利润分配——未分配利润　153 000

　　　　贷：盈余公积——法定盈余公积　153 000

（4）借：银行存款　1 200 000

　　　　贷：实收资本　1 000 000

　　　　　　资本公积——资本溢价　200 000

第十二章　收　　入

一、单项选择题

1. C　2. D　3. D　4. B　5. C　6. D　7. C　8. C　9. B　10. B　11. B　12. C
13. C　14. B　15. C　16. C

二、多项选择题

1. AB　2. BCD　3. ABCD　4. ACD

三、判断题

1. √　2. √　3. √　4. ×　5. √

四、业务题

1.

（1）甲公司销售商品时

借：应收账款　2 106 000

　　贷：主营业务收入　1 800 000

　　　　应交税费——应交增值税（销项税额）　306 000

（2）① 乙公司在 8 月 8 日付款，享受 36 000 元的现金折扣：（即1 800 000×2%）

借：银行存款　2 070 000

　　财务费用　36 000

　　贷：应收账款　2 106 000

② 乙公司在 8 月 19 日付款，享受 18 000 元的现金折扣：（即1 800 000×1%）

借：银行存款　2 088 000

　　财务费用　18 000

　　贷：应收账款　2 106 000

③ 乙公司在 8 月 29 日付款，不能享受现金折扣，应全额付款：

借：银行存款　2 106 000

　　贷：应收账款　2 106 000

2.

（1）2009 年 7 月销售实现时

借：应收账款　93 600

　　贷：主营业务收入　80 000

　　　　应交税费——应交增值税（销项税额）　13 600

借：主营业务成本　60 000

　　贷：库存商品　60 000

（2）2009 年 8 月发生销售折让时

借：主营业务收入　4 000

　　应交税费——应交增值税（销项税额）　680

　　贷：应收账款　4 680

（3）实际收到款项时

借：银行存款　88 920

　　贷：应收账款　88 920

3.

借：应收账款　23 400

　　贷：主营业务收入　20 000

应交税费——应交增值税（销项税额） 3 400

借：主营业务成本 12 000

贷：库存商品 12 000

4.

（1）发出商品时

借：委托代销商品 12 000

贷：库存商品 12 000

（2）收到代销清单时

借：应收账款 11 700

贷：主营业务收入 10 000

应交税费——应交增值税（销项税额） 1 700

借：主营业务成本 6 000

贷：委托代销商品 6 000

借：销售费用 1 000

贷：应收账款 1 000

（3）收到 B 公司支付的货款时

借：银行存款 10 700

贷：应收账款 10 700

B 公司的账务处理如下：

（1）收到商品时

借：受托代销商品 20 000

贷：受托代销商品款 20 000

（2）对外销售时

借：银行存款 11 700

贷：应付账款 10 000

应交税费——应交增值税（销项税额） 1 700

（3）收到增值税专用发票时

借：应交税费——应交增值税（进项税额） 1 700

贷：应付账款 1 700

借：受托代销商品款 10 000

贷：受托代销商品 10 000

（4）支付货款并计算代销手续费时

借：应付账款 11 700

贷：银行存款 10 700

主营业务收入 1 000

5.

2011 年

（1）借：劳务成本 70

贷：应付职工薪酬 70

（2）借：银行存款 150

贷：预收账款 150

（3）2011 年确认收入 = 300 × 9/24 − 0 = 112.5（万元）

2011 年确认成本 = 180 × 9/24 − 0 = 67.5（万元）

借：预收账款 112.5

贷：主营业务收入 112.5

借：主营业务成本 67.5

贷：劳务成本 67.5

2012 年

（1）借：劳务成本 90

贷：应付职工薪酬 90

（2）借：银行存款 120

贷：预收账款 120

（3）2012 年确认收入 = 300 × 21/24 − 112.5 = 150（万元）

2012 年确认成本 = 180 × 21/24 − 67.5 = 90（万元）

借：预收账款 150

贷：主营业务收入 150

借：主营业务成本 90

贷：劳务成本 90

2013 年

（1）借：劳务成本 20

贷：应付职工薪酬 20

（2）借：银行存款 30

贷：预收账款 30

（3）2011 年确认收入 = 300 × 24/24 − （112.5 + 150） = 37.5（万元）

2013 年确认成本 = 180 × 24/24 − （67.5 + 90） = 22.5（万元）

借：预收账款 37.5

贷：主营业务收入 37.5

借：主营业务成本 22.5

贷：劳务成本　22.5

6.

（1）借：应收票据　409 500

贷：其他业务收入　350 000

应交税费——应交增值税（销项税额）　59 500

借：其他业务成本　250 000

贷：原材料　250 000

（2）借：银行存款　300 000

贷：预收账款 300 000

（3）借：应收账款　585 000

贷：主营业务收入　500 000

应交税费——应交增值税（销项税额）　85 000

借：主营业务成本　250 000

贷：库存商品　250 000

（4）借：主营业务收入 200 000

应交税费——应交增值税（销项税额）　34 000

贷：应收账款　234 000

借：库存商品　100 000

贷：主营业务成本　100 000

（5）借：主营业务收入　50 000

应交税费——应交增值税（销项税额）　8 500

贷：应收账款　58 500

7.（1）

① 借：应收账款　936 000

贷：主营业务收入　800 000

应交税费——应交增值税（销项税额）　136 000

② 借：主营业务成本　350 000

贷：库存商品　350 000

（2）

① 借：主营业务收入　40 000

应交税费——应交增值税（销项税额）　6 800

贷：银行存款　46 000

财务费用　800

② 借：库存商品　22 000

贷：主营业务成本　22 000

(3)

借：委托代销商品　66 000

贷：库存商品　66 000

(4)

① 借：应收账款　140 400

贷：主营业务收入　120 000

应交税费——应交增值税（销项税额）　20 400

② 借：主营业务成本　66 000

贷：委托代销商品　66 000

③ 借：销售费用　12 000

贷：应收账款　12 000

或

借：应收账款　128 400

销售费用　12 000

贷：主营业务收入　120 000

应交税费——应交增值税（销项税额）　20 400

借：主营业务成本　66 000

贷：委托代销商品　66 000

第十三章　费　　用

一、单项选择题

1. D　2. A　3. C　4. C　5. D　6. B　7. B　8. B　9. A　10. B

二、多项选择题

1. BCD　2. AD　3. AB　4. CD　5. AC　6. ABD　7. BCD　8. CD　9. ABD　10. ABD　11. BC　12. ABC　13. ACD

三、判断题

1. √　2. √　3. ×　4. √　5. ×

四、业务题

(1) 借：管理费用　9 000

贷：累计折旧　7 000

累计摊销　2 000

(2) 借：销售费用　800

贷：库存现金　800

（3）借：销售费用 15 000

贷：银行存款 15 000

（4）借：财务费用 5 000

贷：实收资本 5 000

第十四章 利 润

一、单项选择题

1. A 2. D 3. C 4. D 5. C 6. A 7. A 8. C 9. D 10. B 11. B 12. C 13. B 14. C 15. B

二、多项选择题

1. ABCD 2. ACD 3. BCD 4. ABC 5. BD 6. ACD 7. ABD 8. ABD 9. ABC 10. AB 11. AD 12. AD 13. ABCD 14. ABC 15. ABD 16. AD 17. ABC 18. BC 19. ABD 20. ABC

三、判断题

1. √ 2. √ 3. × 4. √ 5. √ 6. √ 7. √ 8. √ 9. × 10. × 11. √ 12. × 13. × 14. × 15. ×

四、业务题

（一）利润计算练习题

1.

本期营业利润 = 900 + 100 + 20 − 10 − 15 = 995 万元；计算营业利润时不考虑营业外支出。

2.

（1）营业利润 =（6 000 + 1 500）−（4 000 + 1 000）− 200 − 750 − 450 − 100 − 600 − 400 + 1 800 = 1 800（万元）；

利润总额 = 1 800 + 300 − 500 = 1 600（万元）；

净利润 = 1 600 − 520 = 1 080（万元）

（2）借：主营业务收入 60 000 000

其他业务收入 15 000 000

投资收益 18 000 000

营业外收入 3 000 000

贷：本年利润 96 000 000

（3）借：本年利润 80 000 000

贷：主营业务成本 40 000 000

其他业务成本 10 000 000

营业税金及附加　2 000 000
销售费用　7 500 000
管理费用　4 500 000
财务费用　1 000 000
资产减值损失　6 000 000
公允价值变动损益　4 000 000
营业外支出　5 000 000

借：本年利润　5 200 000
　贷：所得税费用　5 200 000

（4）借：本年利润　10 800 000
　　贷：利润分配——未分配利润　10 800 000

（5）借：利润分配——提取法定盈余公积　1 080 000
　　贷：盈余公积——法定盈余公积　1 080 000

（6）借：利润分配——应付现金股利　3 000 000
　　贷：应付股利　3 000 000

（7）借：利润分配——转作股本的股利　4 000 000
　　贷：实收资本　4 000 000

（8）借：利润分配——未分配利润　8 080 000
　　贷：利润分配——提取法定盈余公积　1 080 000
　　　利润分配——应付现金股利　3 000 000
　　　利润分配——转作股本的股利　4 000 000

3.

（1）借：应交税费——应交所得税　63 000
　　贷：银行存款　63 000

（2）借：营业外支出　50 000
　　贷：银行存款　50 000

（3）借：营业外支出　10 000
　　贷：银行存款　10 000

（4）借：应付账款　20 000
　　贷：营业外收入　20 000

（5）借：银行存款　120 000
　　贷：投资收益　120 000

（6）借：银行存款　30 000
　　贷：投资收益　30 000

（7）借：主营业务收入　350 000
　　　　其他业务收入　10 000
　　　　投资收益　150 000
　　　　营业外收入　20 000
　　　　贷：本年利润　530 000

（8）借：本年利润　330 000
　　　　贷：主营业务成本　210 000
　　　　　　销售费用　8 000
　　　　　　营业税金及附加　8 500
　　　　　　管理费用　34 500
　　　　　　财务费用　2 000
　　　　　　其他业务成本　7 000
　　　　　　营业外支出　60 000

（9）本月利润总额 =530 000 - 330 000 =200 000（元），应交所得税 =200 000 × 25% =50 000（元）；

借：所得税费用　50 000
　　贷：应交税费——应交所得税　50 000

同时：借：本年利润　50 000
　　　　贷：所得税费用　50 000

（10）借：本年利润　800 000
　　　　贷：利润分配——未分配利润　800 000

（11）借：利润分配——提取盈余公积　80 000
　　　　贷：盈余公积　80 000

（12）借：利润分配——应付股利　500 000
　　　　贷：应付股利　500 000

（13）借：应付股利　500 000
　　　　贷：银行存款　500 000

计算利润指标：

1. 营业利润 =360 000 - 217 000 - 8 500 - 8 000 - 34 500 - 2 000 + 150 000 = 240 000（元）

2. 利润总额 =240 000 + 20 000 - 60 000 =200 000（元）

3. 应交所得税 =200 000 ×25% =50 000（元）

4. 净利润 =200 000 - 50 000 =150 000（元）

（二）以前年度损益调整练习题

（1）借：固定资产　100 000

　　贷：以前年度损益调整　100 000

（2）借：以前年度损益调整　25 000

　　贷：应交税费——应交所得税　25 000

（3）借：利润分配——未分配利润　7 500

　　贷：盈余公积——法定盈余公积　7 500

（4）借：以前年度损益调整　75 000

　　贷：利润分配——未分配利润　75 000

（三）所得税计算分析题

1.

（1）

甲公司 2009 年暂时性差异计算表　　单位：万元

项目	账面价值	计税基础	暂时性差异	
			应纳税暂时性差异	可抵扣暂时性差异
应收账款	24 000 - 2 000 = 22 000	24 000		2 000
可供出售金融资产	2 600	2 400	200	
长期股权投资	2 800	2 800		
应收股利	200	200		
其他应付款	4 800	30 000 × 15% = 4 500		300
合计			200	2 300

（2）

递延所得税资产 = 2 300 × 25% - 650 = -75（万元）

递延所得税费用 = 75（万元）

（3）

递延所得税负债 = 200 × 25% = 50（万元），计入资本公积。

应交所得税 =（利润总额 3 000 - 弥补的亏损 2 600 + 可抵扣 2 300 - 分得现金股利 200）× 25% = 625（万元）

借：所得税费用　700

　　资本公积——其他资本公积　50

　　贷：应交税费——应交所得税　625

　　　　递延所得税资产　75

递延所得税负债　50

2.

（1）

暂时性差异计算表　　单位：万元

项　目	账面价值	计税基础	暂时性差异	
			应纳税暂时性差异	可抵扣暂时性差异
固定资产	2 160	1 920	240	
无形资产	800	1 200		400
交易性金融资产	1 200	700	500	
存货	13 000	14 000		1 000

（2）

应交所得税 ＝（9 000 － 240 － 250 ＋ 400 － 500 ＋ 1 000）× 25% ＝ 9 410 × 25% ＝ 2 352. 5（万元）

注：可在当期税前抵扣的研究开发费为 750 万元（500 × 150%），已计入管理费用 500 万元（300 ＋ 200），应调减应纳税所得额 25 万元。

（3）

递延所得税费用 ＝ 递延所得税负债增加额 － 递延所得税资产增加额 ＝ [（1 000/25% ＋ 2404 － 500）× 25% － 1 000] －[（375/25% ＋ 1 000）× 25% － 375] ＝[1 185 － 1 000] －[625 － 375] ＝ 185 － 250 ＝ － 65（万元）

注：该企业进行内部研究开发所形成的无形资产并非产生于企业合并，同时在初始确认时既不影响会计利润也不影响应纳税所得额，确认其账面价值和计税基础之间产生暂时性差异的所得税影响需要调整该项资产的历史成本，准则规定该种情况下不确认相关的递延所得税资产。

（4）编制甲公司 2009 年确认所得税费用的相关会计分录

借：所得税费用　2 287. 5

　　递延所得税资产　250

　　贷：应交税费——应交所得税　2 352. 5

　　　　递延所得税负债　185

第十五章　财 务 报 告

一、单项选择题

1. C　2. B　3. C　4. C　5. B　6. B　7. C　8. C　9. C　10. B　11. C　12. B　13. C　14. A　15. D

二、多项选择题

1. ABC　2. AD　3. AC　4. AB　5. AC　6. ABCD　7. ABC　8. AB　9. ABCD　10. AC　11. BD　12. ABC　13. BCD　14. CD　15. ABC　16. ABCD　17. ACD　18. BCD　19. ABCD　20. BCD

三、判断题

1. ×　2. √　3. √　4. ×　5. ×　6. √　7. ×　8. ×　9. ×　10. √　11. √　12. √　13. √　14. ×　15. ×

四、业务题

(一)

(1) 编制甲企业会计分录

① 借：原材料　300 000

　　应交税费——应交增值税（进项税额）　51 000

　　贷：应付票据　351 000

② 借：应收账款　46 800

　　贷：主营业务收入　40 000

　　　　应交税费——应交增值税（销项税额）　6 800

借：主营业务成本　32 000

　贷：库存商品　32 000

③ 借：银行存款　30 420

　　贷：其他业务收入　26 000

　　应交税费——应交增值税（销项税额）　4 420

　借：其他业务成本　18 000

　　贷：原材料　18 000

④ 借：固定资产清理　126 000

　　累计折旧　24 000

　　贷：固定资产　150 000

借：银行存款　180 000

　贷：固定资产清理　180 000

借：固定资产清理　54 000

　贷：营业外收入　54 000

⑤ 借：资产减值损失　234［(200 000 + 46 800) × 5‰ − 1 000］

　　贷：坏账准备　234

⑥ 借：应付票据　20 000

　　应交税费——应交所得税　2 300

贷：银行存款　22 300

⑦ 借：长期股权投资——乙企业（损益调整）　70 000

贷：投资收益　70 000

⑧ 借：管理费用　1 000

贷：累计摊销　1 000

借：管理费用　8 766

贷：累计折旧　8 766

⑨ 借：所得税费用　42 900

贷：应交税费——应交所得税　42 900

（2）编制资产负债表：

资产负债表

编制单位：甲企业　　2012 年 12 月 31 日　　单位：元

资产	期末余额	负债及所有者权益	期末余额
流动资产：		流动负债：	
货币资金	588 620	短期借款	300 000
应收票据	30 000	应付票据	381 000
应收账款	245 566	应付账款	180 000
其他应收款	200	应付职工薪酬	5 000
存货	710 000	应交税费	12 820
流动资产合计	1 574 386	流动负债合计	878 820
非流动资产：		非流动负债：	
长期股权投资——乙企业	670 000	长期借款	1 260 000
固定资产	2 105 234	非流动负债合计	1 260 000
无形资产	4 000	负债合计	2 138 820
非流动资产合计		所有者权益：	
		实收资本	2 000 000
		盈余公积	128 710
		未分配利润	86 090
		所有者权益合计	2 214 800
资产总计	4 353 620	负债及所有者权益总计	4 353 620

（二）

（1）销售商品、提供劳务收到的现金 =（4 000 + 4 000 × 17%）+（2 340 - 4 680）+（585 - 351）- 100 = 2 474（万元）

（2）购买商品、接受劳务支付的现金 =（2 500 + 408）+（2 400 - 2 500）+（1 755 - 2 340）= 2 223（万元）

（3）支付的各项税费 = 实际缴纳的增值税款 302（万元）+ 支付的所得税款 90（万元）（30 + 100 - 40）= 392（万元）

（4）收回投资收到的现金 = 20 + 100 = 120（万元）

（5）分得股利或利润收到的现金 = 20 + 30 - 10 = 40（万元）

（6）借款收到的现金 = 400（万元）

（7）偿还债务支付的现金 = 300（万元）

（三）

1.（1）填列该公司资产负债表所列示项目的年初数和年末数

资产负债表（部分项目）

编制单位：甲股份有限公司　　2012 年 12 月 31 日　　单位：万元

资产	年初数	年末数	负债和股东权益	年初数	年末数
应收账款	594	891	应付账款	500	300
预付账款	200	100	预收账款	100	200
存货	600	900			

（2）填列该公司现金流量表所列示项目的金额

现金流量表（部分项目）

编制单位：甲股份有限公司　　2012 年度　　单位：万元

项　　目	计算过程	金额
销售商品、提供劳务收到的现金	5 000 + 850 +（300 - 0）+（594 - 891）+（200 - 100）-3 - 5	5 945
购买商品、接受劳务支付的现金	3 500 + 340 -（600 - 900）+（500 - 300）+（100 - 200）- 1 000 - 180	3 060
支付给职工以及为职工支付的现金	1 000 + 200 +（30 - 70）	1 160
支付各项税费	51 + 198 + 310 + 180 + 30 +（25 - 11）	783
支付的其他与经营活动有关的现金	300 + 500 - 200 - 3 - 20 - 30	547

续表

项　目	计算过程	金额
收回投资所收到的现金	400 + 20	420
取得投资收益所收到的现金	30 - 20	10
处置固定资产所收回的现金净额	210 - 30	180
购建固定资产所支付的现金	400 + 300 - 30	670
投资所支付的现金		500
取得借款所收到的现金		250
偿还债务所支付的现金		200
偿付利息所支付的现金	25 - 5 + 30	50